最新宝马5系（G38）电控系统彩色图解

沐　枫　主编

辽宁科学技术出版社

沈　阳

图书在版编目（ＣＩＰ）数据

最新宝马 5 系（G38）电控系统彩色图解 ／ 沐枫主编 ． — 沈阳 ：辽宁科学技术出版社 ，2020.11
ISBN 978－7－5591－1800－4

Ⅰ ． ①最… Ⅱ ． ①沐… Ⅲ ． ①汽车－电子系统－控制系统－图解 Ⅳ ． ① U463.6－64

中国版本图书馆 CIP 数据核字 (2020) 第 195271 号

出版发行：辽宁科学技术出版社
　　　　　（地址：沈阳市和平区十一纬路 25 号　邮编：110003）
印 刷 者：辽宁新华印务有限公司
经 销 者：各地新华书店
幅面尺寸：285mm×210mm
印　　张：14.25
字　　数：300 千字
出版时间：2020 年 11 月第 1 版
印刷时间：2020 年 11 月第 1 次印刷
责任编辑：吕焕亮　高　鹏　艾　丽
封面设计：熊猫工作室
版式设计：李　雪
责任校对：韩欣桐
书　　号：ISBN 978－7－5591－1800－4
定　　价：128.00 元

编辑电话：024－23284373
E-mail：atauto@vip.sina.com
邮购热线：024－23284626

前　言

　　宝马（BMW）是全世界最成功和效益最好的豪华汽车品牌。宝马汽车公司以汽车的高质量、高性能和高技术为追求目标。宝马汽车的加速性能和高速性能在世界汽车界中名列前茅，因而各国警方的首选警车就是宝马汽车。宝马汽车的蓝天白云标志象征着旋转的螺旋桨，同时还代表着技术先进、创新，相信每一个人的心中都有一个蓝天白云梦，正因为如此，近几年来宝马汽车在中国市场一路高歌猛进，销量直线上升，同时大量新技术也在车辆上应用。全新宝马5系加长版G38上市后销售火爆，官方的口号是"时代，由此划分"。在G38上集成了众多宝马科技，而在日常故障维修时我们首先要用到的是电路图，为了让广大一线维修人员了解G38的内部电气原理，特推出此工具书。该书可以作为广大职业院校的教辅参考用书，也可以为广大G38车主了解自己的爱车提供参考，在自己动手加装改装时更能得心应手。

　　本书具有如下特点：

　　（1）简单。相比宝马原厂诊断系统ISTA中的电路图，我们在设计过程中，根据使用习惯和中国车型的实际配置，对电路图做了重新梳理，对中国市场不会出现的系统做了删减，对电路图的目录根据车型的实际系统做了分类，对各系统做了集成，在查找故障时尽量在一张电路图中完成。

　　（2）易懂。电路图的识读一直是众多一线维修人员的大难题，编者根据多年从业经验，对难读懂的电路图进行了简化处理，电路图吸取了众多品牌电路图的优点，如果在使用过程中有疑问，可以及时与我们团队联系，我们会提供必要的技术支持。

　　（3）实用。相对于原厂的电路图，本书电路图的最大特点是在每个针脚下面都标注了该针脚的功能，同时还标注了每个针脚的标准数据及波形，在进行故障查修时可以真正做到一本书就解决问题。

　　电路图由沐枫设计，由众多从业经验十分丰富的专家共同完成编写。由于车型配置十分复杂，在使用过程中有任何疑问，欢迎与我们联系，邮箱地址：mufeng1983@126.com。

编　者

目　录

第一章　控制单元和图例说明

一、图例说明（图 1-1）

① 系统名称及电路图小节名称：据此可以知道该页电路图的主要功能。

② 部件名称及部件编号：部件名称采用原厂电路图的描述，对部分难懂的部分做了优化，在中文后面跟一个字母缩写，在诊断仪中也会有相应显示，例如发动机控制模块的字母缩写是 DME，编号是 A46。图例中后部配电盒没有字母缩写，编号是 Z2a。

③ 保险丝：30B 为保险丝供电的总线端，在宝马车辆上有 30、30B、30F、15N 等。30 代表常电；30B 代表驾驶员控车期间有电；30F 也是常电，与 30 的区别是，如果发生了休眠电流故障，30F 会断开；15N 为车辆行驶期间有供电。

④ 插头编号及针脚编号：Z2*5B 代表 Z2 保险丝盒的第 5 个插头，通常情况下，在 Z2 保险丝盒部件上面会有标识，10 代表第 5 个插头的 10 号针脚。

⑤ 线路连接点：X1357*1V 为线路中间连接点的编号，这是一种线束中间的硬连接，多根导线用导管硬压连接在一起。无具体的针脚。根据该编号可以查到在车辆上的具体位置。

⑥ 导线颜色及截面积：0.35 表示导线的截面积，红 / 灰表示导线是红色的主色，灰色的条纹色。

⑦ 针脚功能描述：说明该针脚的功能。

⑧ 接地点：Z10*10B 代表接地点的编号，根据该编号可以查到接地点在车辆上的具体位置。

⑨ 特殊描述：用绿色填充的特殊描述，一般和车辆的生产日期及配置有关。

⑩ 部件：以虚线框表示的部件，表示该部件在该页中没有完整显示，还会有其他针脚在其他页的电路图中。

⑪ 控制单元符号：在一个部件内部有三极管符号的，表示该部件为控制单元。

⑫ 线路跨接点：在电路图中会有两根导线相互垂直，若带有该符号，则表示这两根导线不相连。

⑬ 信号特征：在针脚功能描述下面，会有用纵横标表示的波形图或文字描述，表示该针脚的电路实际标准波形。

⑭ 两种导线颜色：在线路中有时会存在两种导线颜色，如紫 / 白或紫 / 黄。

⑮ 线路中的过渡插头：在线路中存在对接的过渡插头，对于图 1-1，表示插头编号为 X246 的 1B 插头的 12 号针脚，单元侧的插头为母插，操作面板侧的插头为公插。

⑯ 部件：以实线框表示的部件，表示该部件所有的电路连接在该页电路图中已完整显示。

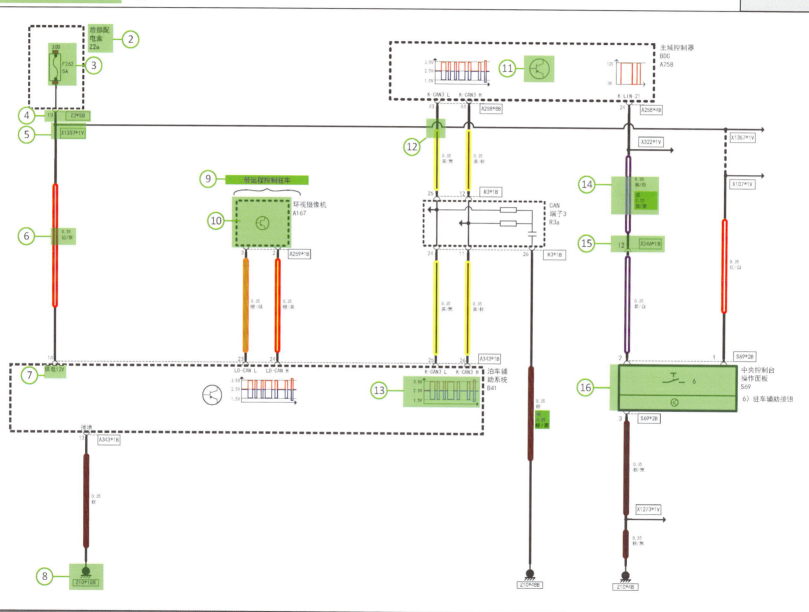

识图说明——图例 ①

② 后部配电盒 Z2a

③ 30B F262 5A

④ 10 Z3*5B

⑤ X1357*1V

⑥ 0.35 红/灰

⑦ 供电12V

⑧ Z10*10B

⑨ 带远程控制驻车

⑩ 环视摄像机 A167

3 2 A259*1B

23 24 A343*1B
LO-CAN L LO-CAN H

0.35 橙/绿   0.35 橙/黄

泊车辅助系统 B41

⑬ 3.5V 2.5V 1.5V 桥

⑪ 主域控制器 BDC A258

3.5V 2.5V 1.5V   12V 0V

K-CAN3 L K-CAN3 H   K-LIN-21

43 44 A258*8B   24 A258*4B

⑫

0.35 黄/黑   0.35 黄/棕

25 12 R3*1B

CAN 端子3 R3a

24 11 26 R3*1B

0.35 黄/黑   0.35 黄/棕

25 26 A343*1B
K-CAN3 L K-CAN3 H

13 A343*1B
接地

0.35 棕

Z10*10B

0.35 棕/黑   0.35 橙/黑

Z10*4BB

X322*1V

⑭ 0.35 蓝/白 0.35 蓝/黄

⑮ 12 X246*1B

0.35 紫/白

2 S69*2B

⑯ 中央控制台操作面板 S69
6) 驻车辅助按钮

3 S69*2B

0.35 棕/黑

X1273*1V

0.35 棕/黑

Z10*4B

X1357*1V

X107*1V

0.35 红/白

1 S69*2B

图 1-1

二、控制单元字母缩写说明

控制单元字母缩写说明如表 1-1 所示。

表 1-1　控制单元字母缩写说明

缩写	含义
AB	安全气囊
ABS	防抱死制动系统
ABS-DSC	电子车身稳定系统
ACC	自适应巡航控制系统
ACSM	碰撞安全模块
ACSM-MRS	多重乘员保护系统碰撞安全模块
ADP	音频显示板
AHL	自适应转向大灯
AHM	挂车模块
AL	主动转向控制
ALBBF	前乘客主动式靠背宽度
ALBFA	驾驶员主动式靠背宽度
AMP	功率放大器
AMPH	高保真功率放大器
AMPT	顶级高保真功率放大器
ANT	天线转换器
ARS	动态行驶稳定装置（主动防侧倾系统）
ASC	自动稳定控制
ASD	主动声效设计控制单元
ASK	音频系统控制器
BCM	蓄电池控制单元
BCO/MID	车载电脑／多功能信息显示器
BDC	主域控制器（车身控制单元）

缩写	含义
CA	无钥匙便捷上车及启动系统
CAS	便捷进入及启动系统
CBX-ECALL	Combox 紧急呼叫
CBX-MEDIA	Combox 多媒体
CCM	检查控制模块
CHAMP	中央主机和多媒体平台
CIC	汽车信息计算机（音响主机）
CIC-GW	车辆信息计算机网关
CID	中央信息显示器
CIM	底盘集成模块
CNAV	中国导航系统
CON	中控台控制器（中控台操作旋钮）
CTM	敞篷车车顶模块
CVM	敞篷车软顶模块
CVM2	敞篷车软顶模块 2
DAB	数字调谐器（数字音频广播）
DDE	发动机控制模块
DDE2	发动机控制模块 2
DKG	双离合器变速器
DME	发动机控制模块
DME2	发动机控制模块 2
DSC	动态稳定控制系统
DSP	数码音响处理器

缩写	含义
DVDC	DVD 机
DWA	防盗报警系统
EARSH	后部电动主动式侧翻稳定装置
EARSV	前部电动主动式侧翻稳定装置
EDC	电子减震控制系统
EDCSHL	左后减震器卫星式控制单元
EDCSHR	右后减震器卫星式控制单元
EDCSVL	左前减震器卫星式控制单元
EDCSVR	右前减震器卫星式控制单元
EGS	自动变速器控制系统
EHC	电子高度控制系统
EHC2	电子高度控制系统（两轴自调标高悬架控制系统）
EHPS	电动液压助力转向系统
EKK	电动空调压缩机
EKPS	电动燃油泵控制单元
ELV	电动转向锁止件
EMALI	左侧电动机械式自动收卷器
EMARE	右侧电动机械式自动收卷器
EMF	电动机械式驻车制动器
EML	发动机功率电子控制系统
ENS	以太网交换机
EPS	电动机械式助力转向系统
EWS	电子禁启动防盗装置
FADP	后座区音频显示板
FBZV	中控锁无线电遥控器
FCON	后座区控制器

缩写	含义
FD	后座区显示器（带触摸功能）
FD2	后座区显示器 2
FEM	前部电子模块
FGB	后座区风扇
FKA	后座区恒温空调
FLA	远光灯辅助系统
FLEL	左前车灯电子设备
FLER	右前车灯电子设备
FMBT	后座区显示器
FRM	脚部空间模块
FZD	车顶功能中心
GHAS	可调式后桥锁机构
GR	定速控制
GWS	选挡按钮
GZAL	左定向照明
GZAR	右定向照明
HKA	尾部自动空调
HKL	后行李箱盖自动操作装置
HSR	后桥侧偏角调节
HU-B	音响主机
HUD	平视显示系统
HU-H	高级音响主机
ICM	一体式底盘管理系统
IHKA	制热空调器
IHKR	集成式自动恒温空调
IHKS	手动恒温空调

缩写	含义
iPod	iPod 接口
JBE	接线盒电子装置
KAFAS	基于摄像机的驾驶员辅助系统
KOMBI	组合仪表
KOMBI2	附加组合仪表
LDM	纵向动态管理
LEM	灯光效果管理器
LHML	左侧 LED 大灯控制模块
LHMR	右侧 LED 大灯控制模块
LM	灯光模块
LMV	纵向力矩分配
LRA	自动大灯光线水平调整
LRR	远距离传感器
LSZ	灯光开关控制中心
LWS	转向角传感器
MFL	多功能方向盘
NAV	导航系统
NVE	电子夜视装置
NVK	夜视摄像机
PCU	动力控制单元
PDC	驻车距离报警系统
PM	供电模块
PMA	泊车辅助系统
QMVH	后桥横力矩分配
RAD	收音机
RAD2	收音机 2

缩写	含义
RDC	轮胎压力监控
REM	后部电子模块
REMALI	左侧可逆电动自动收卷器
REMARE	右侧可逆电动自动收卷器
RFK	倒车摄像机
RLS	雨天 / 行车灯 / 雾气 / 光照传感器
RPA	胎压报警指示灯
RSE	后座区视听设备
SAS	特殊装备系统
SASL	卫星式控制单元，A 柱左侧
SASR	卫星式控制单元，A 柱右侧
SBBF	前乘客座位占用识别装置
SBE	座位占用识别装置
SBSL	卫星式控制单元，B 柱左侧
SBSR	卫星式控制单元，B 柱右侧
SCR	选择性催化还原装置控制单元
SDARS	卫星调谐器
SGM	安全和网关模块
SHZH	停车辅助加热器
SIM	安全信息模块
SINE	报警器和倾斜报警传感器
SLM	座椅和转向柱记忆功能
SM/SLM	后视镜 / 座椅 / 靠背记忆功能
SMB	前乘客座椅记忆功能
SMBF	前乘客座椅模块
SMBFH	前乘客侧后部座椅模块

缩写	含义
SME	存储器管理电子装置
SMF	驾驶员座椅记忆功能
SMFA	驾驶员座椅模块
SMFAH	驾驶员侧后部座椅模块
SMG	自动换挡控制的手动变速器
SPMBT	前乘客后视镜记忆功能
SPMFT	驾驶员后视镜记忆功能
SPNMHL	左后座椅气压控制模块
SPNMVL	左前座椅气压控制模块
SPNMHR	右后方座椅气压控制模块
SPNMVR	右前方座椅气压控制模块
SSBF	前乘客座椅卫星式控制单元
SSFA	驾驶员座椅卫星式控制单元
SSH	后部座椅卫星式控制单元
STH	停车预热装置
STML	左侧大灯驱动器模块
STMR	右侧大灯驱动器模块
STVL	左前车门卫星式控制单元
STVR	右前车门卫星式控制单元
SVS	语音处理系统
SVT	伺服转向助力系统
SWW	变道警告系统
SZL	转向柱开关中心
SZM	中央控制台开关中心
TBX	触控盒
TCB	远程信息处理技术通信盒

缩写	含义
TCU	电子信息系统控制单元
TEL	电话
TFE	压力油箱电子控制系统
TLC	车道偏离报警装置
TMBF	前乘客车门模块
TMBFH	前乘客侧后部车门模块
TMFA	驾驶员车门模块
TMFAH	驾驶员侧后部车门模块
TRSVC	环视摄像机
ULF	通用充电和免提通话设备
ULF-SBX	接线盒
ULF-SBX-H	高速接线盒
URS	翻车传感器
VDM	垂直动态管理
VDP	垂直动态平台
VIP	虚拟集成平台
VM	视频模块
VSG	车辆声音发生器
VSW	视频开关
VTC	电子气门控制系统
VTC2	电子气门控制系统 2
VTG	分动器
WIM	刮水器模块
ZGM	中央网关模块
ZGM2	中央网关模块 2

全车12V供电——总供电分布（图2-1）

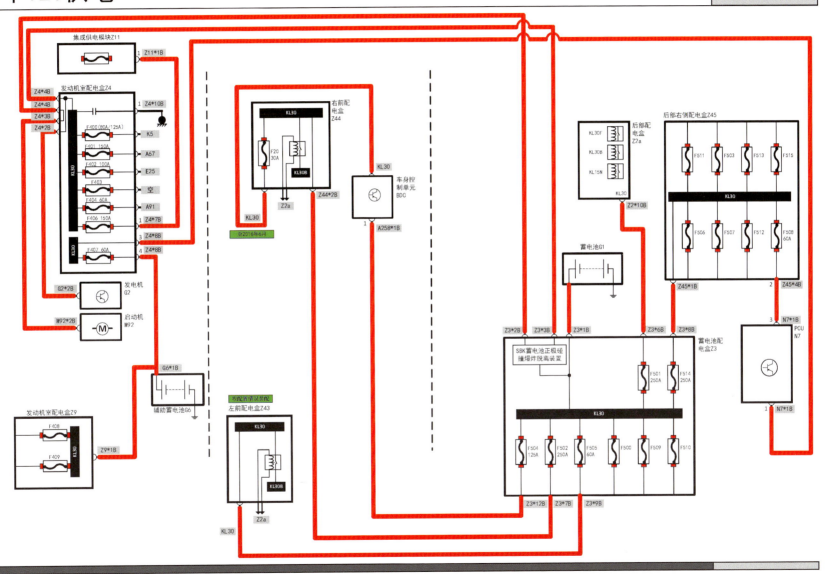

图 2-1

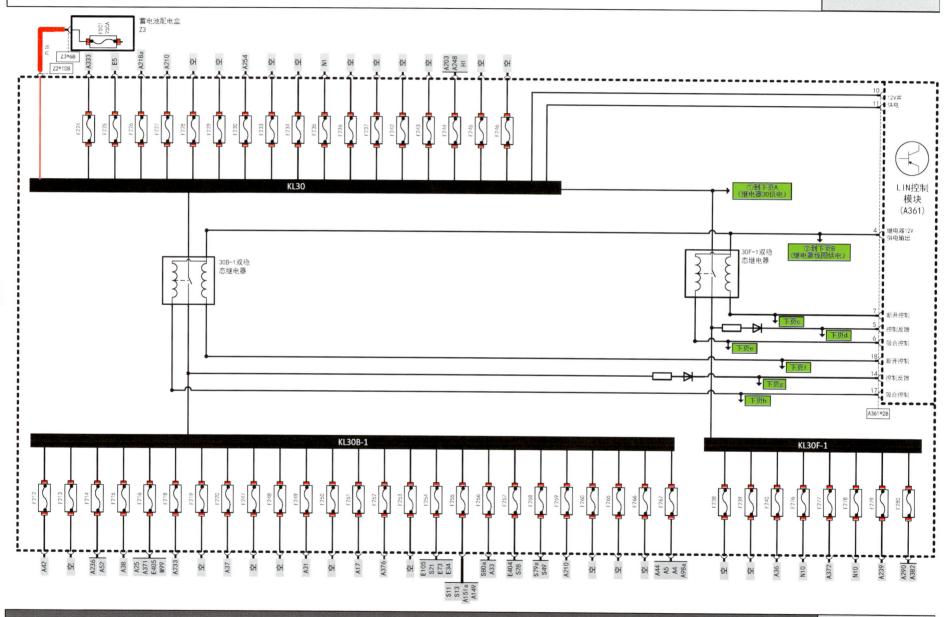

008

图 2-2

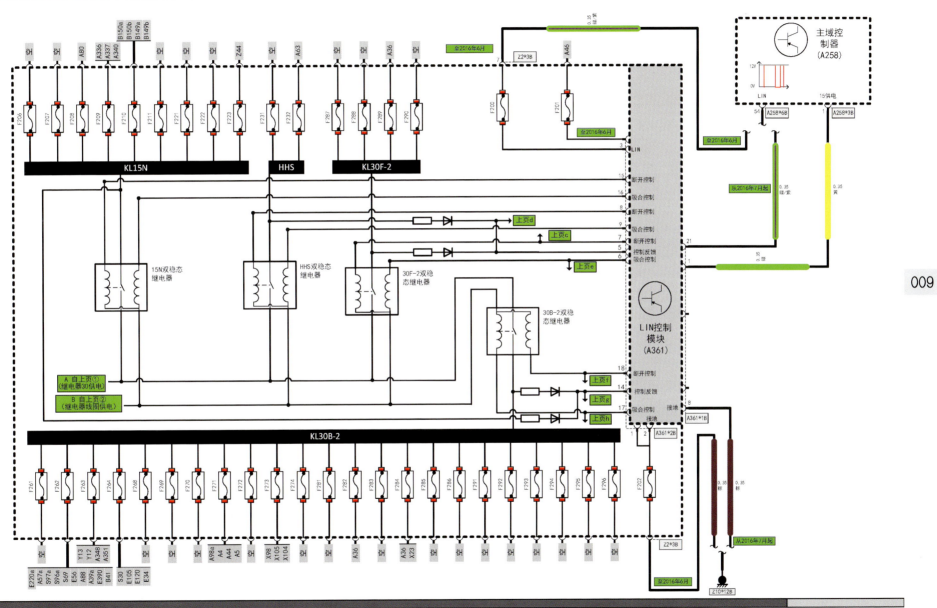

图 2-3

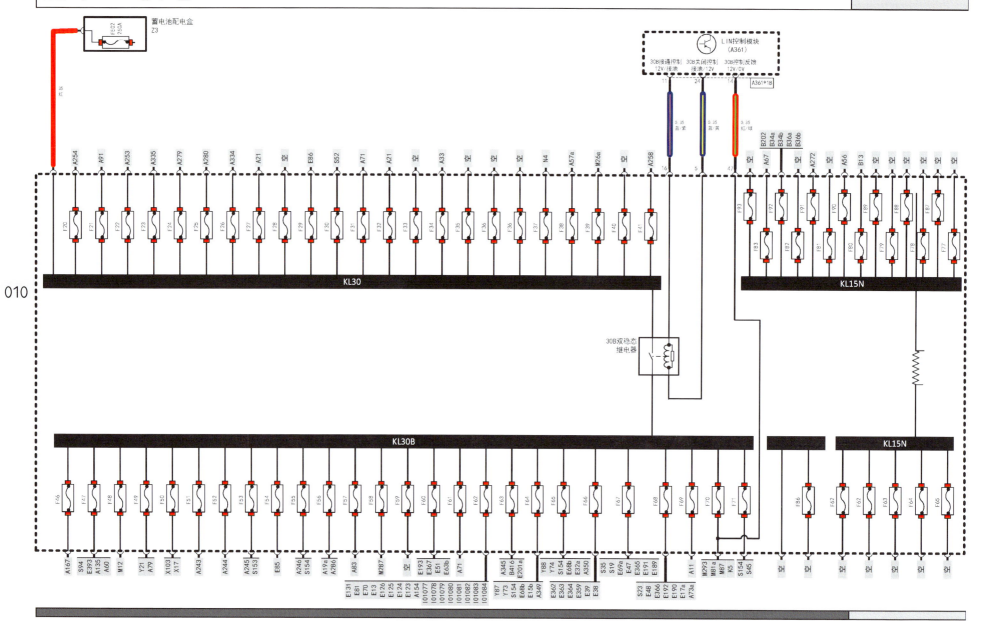

图 2-4

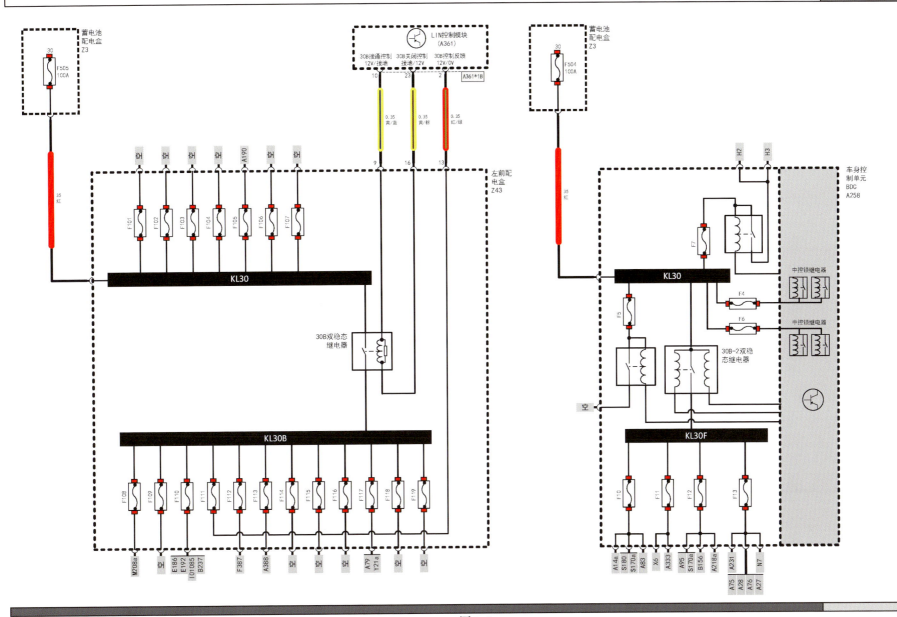

图 2-5

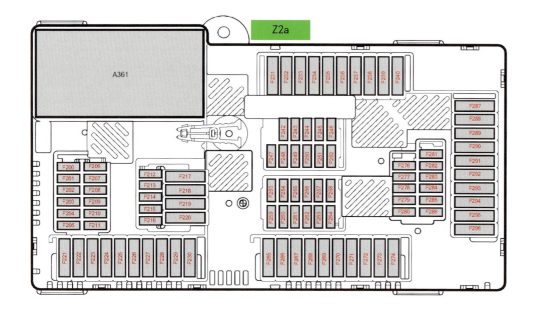

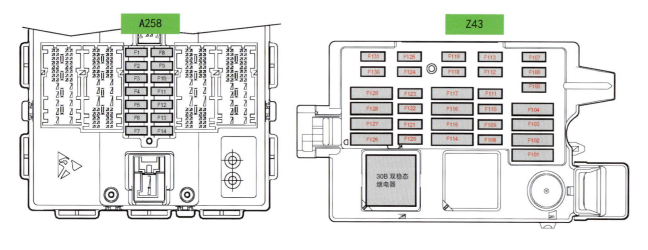

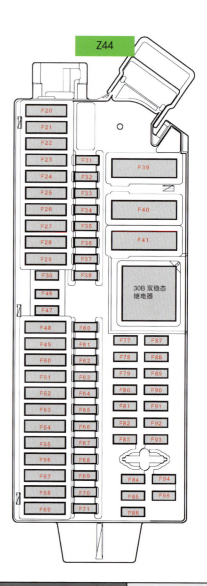

012

图 2-6

全车12V供电——保险丝功能（图2-7）

图标功能对照表

图标	保险丝
ABS / ⚠	F21
(P)	F2/F30
A/C	F12/F37/F39/F47 F62/F63/F80/F235 F252/F262/F277
加热	F54/F110
除霜	F206
鼓风	F37/F39
后除霜	F231/F232
座椅加热	F51/F52/F112 F113/F118/F119 F262/F267
座椅	F53/F55/F60 F64/F65/F67/F68 F257/F267/F269
天窗	F48
安全气囊	F20/F69/F22 F230/F252/F257
●	F10/F56/F57/F83 F93/F223/F276
喇叭(扬声器)	F209
喇叭	F7
雷达	F32/F244

图标	保险丝
仪表	F31/F61
雨刮	F27/F32/F58 F204/F262/F268
油箱	F107/F244/F271 F268
车门	F23/F24/F25/F26
后视镜	F12/F226/F256 F258
OBD	F11
接地	接地
悬架	F11/F34/F224
举升	F11/F13/F209 F224
减震	F11/F204/F224 F262/F269
DRIVING ASSISTANCE	F262
	F10/F46/F63/F90 F91/F92/F204 F210/F257/F262
	F208/F212/F262 F277
MEDIA	F10/F13/F47 F63/F204/F212 F214/F215/F216 F217/F218/F220 F255/F262/F277
BDC	F40/F41
☀	F30

图标	保险丝
-C-	F50/F273/F284
拖钩	F35/F240/F282 F284/F289
车	F12/F226/F254 F264/F279
车门	F4/F6/F13/F244 F249/F251/F256 F258
4x4	F49/F71/F117
A	F13/F244
钥匙	F70
发动机	F71/F105/F108 F203/F204/F206 F209/F221/F227 F259/F271
HYBRID	F107/F108/F117 F209/F244/F257 F278/F280
大灯	F10/F12/F20/F29 F40/F225/F223
灯	F32/F47/F60 F62/F63/F64 F65/F66/F67 F68/F79/F216 F257
后视镜	F67/F68
后备箱	F47

A258

编号	F1	F2	F3	F4	F5	F6	F7	F8	F9	F10	F11	F12	F13	F14
电流	/	/	/	20A	/	20A	15A	/	/	5A	7.5A	7.5A	5A	15A

Z44

编号	F20	F21	F22	F23	F24	F25	F26	F27	F28	F29	F30	F31	F32	F33
电流	40A	40A	30A	30A	30A	30A	30A	20A	/	20A	5A	5A	5A	/
编号	F34	F35	F36	F37	F38	F39	F40	F41		F46	F47	F48	F49	F50
电流	10A	5A	/	10A	5A	40A	/			5A	5A	30A	20A	20A
编号	F51	F52	F53	F54	F55	F56	F57	F58	F59	F60	F61	F62	F63	F64
电流	20A	20A	30A	20A	30A	15A	10A	10A		5A	5A	5A	5A	5A
编号	F65	F66	F67	F68	F69	F70	F71		F77	F78	F79	F80	F81	F82
电流	5A	5A	5A	5A	10A	5A	5A					5A	/	/
编号	F83	F84	F85	F86	F87	F88	F89	F90	F91	F92	F93	F94	F95	
电流	5A	/	/	/	/	/	/	5A	5A	5A	10A	/	/	

Z43a

编号	F101	F102	F103	F104	F105	F106	F107	F108	F109	F110	F111	F112	F113	F114
电流	/	/	/	/	7.5A	/	10A	15A	/	5A	5A	10A	10A	/
编号	F115	F116	F117	F118	F119	F120	F121	F122	F123	F124	F125	F126	F127	F128
电流	/	/	30A	10A	10A	/	/	/	/	/	/	/	/	/
编号	F129	F130	F131											
电流	/	/	/											

Z2a

编号	F200	F201	F202	F203	F204	F205	F206	F207	F208	F209	F210	F211	F212	F213	F214	F215	F216	F217	F218	F219	F220	F221	F222	F223	F224	F225	F226
电流	/	/	/	7.5A	5A	/	10A	/	5A	5A	5A	/	15A	/	5A	10A	5A	40A	20A	/	30A	30A	/	20A	30A	20A	40A
编号	F227	F228	F229	F230	F231	F232	F233	F234	F235	F236	F237	F238	F239	F240		F242	F243	F244	F245	F246	F247	F248	F249	F250	F251	F252	F253
电流	30A	/	/	30A	30A	30A	/	/	30A	/	/	/	/	20A		/	/	5A	/	/	/	/	10A	/	10A	5A	/
编号	F254	F255	F256	F257	F258	F259	F260	F261	F262	F263	F264	F265	F266	F267	F268	F269	F270	F271	F272	F273	F274	F275	F276	F277	F278	F279	F280
电流	5A	5A	10A	5A	10A	15A	/	/	5A	7.5A	10A	/	/	30A	20A	30A	/	30A	/	/	20A	/	/	5A	5A	5A	/
编号	F281	F282	F283	F284	F285	F286	F287	F288	F289	F290	F291	F292	F293	F294	F295	F296											
电流	/	20A	/	20A	/	/	/	/	20A	/	/	/	/	/	/	/											

013

图 2-7

第三章　接地

接地——Z10*1B/Z10*2B（图 3-1）

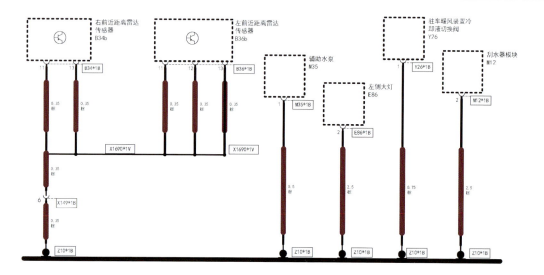

014

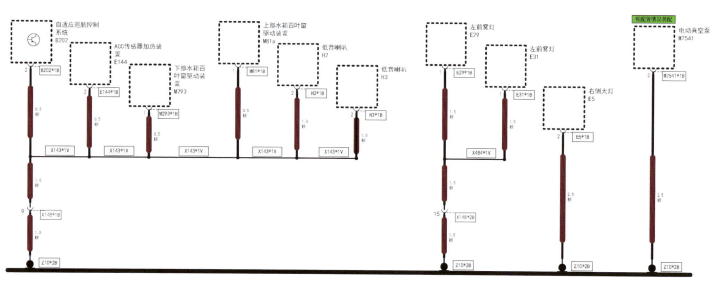

图 3-1

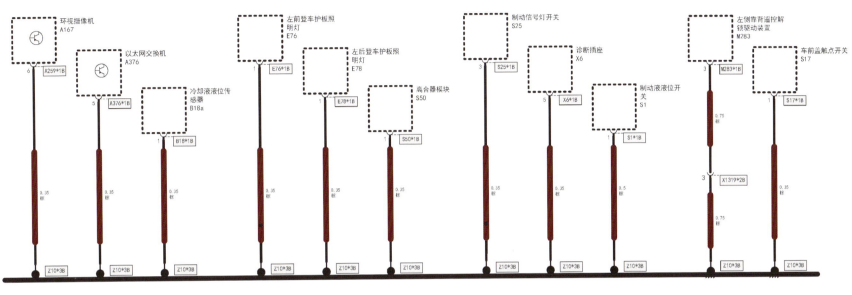

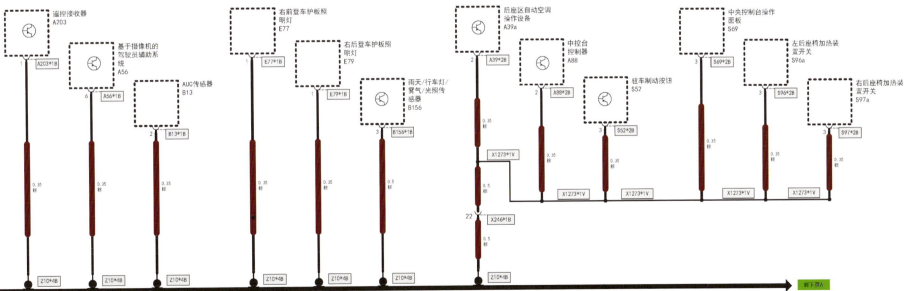

015

图 3-2

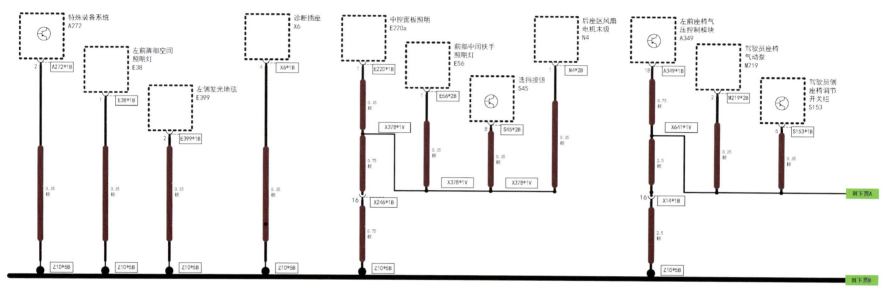

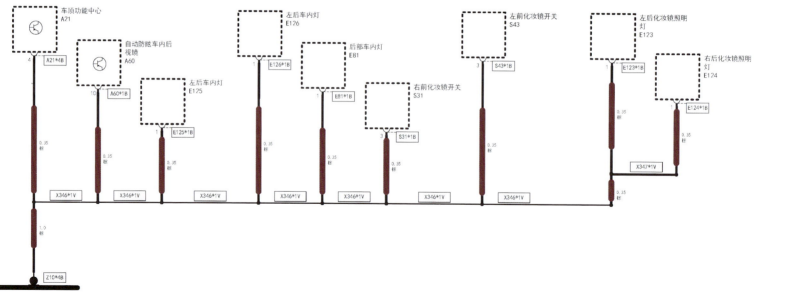

图 3-3

驾驶员侧后方脚部空间照明灯 E44a

驾驶员座椅靠背底板照明 E15b

驾驶员脚部支撑阀体 Y73

驾驶员座椅模块 A245

驾驶员侧座椅调节开关组 S153

驾驶员座椅靠背宽度调整阀体 Y87

驾驶员侧车门外把手电子装置 A27

驾驶员侧外后视镜 A29a

驾驶员侧车门前景照明 E37

加油按钮 S114

驾驶员侧车门上的座椅开关组 S19

驾驶员侧车门开关组 S35

车内后行李箱盖按钮 S3

带后行李箱盖自动操作装置
带后行李箱盖自动操作装置

E44*2B X723*1V X641*1V X641*1V X641*1V X641*1V
E15*1B Y73*1B A245*3B S153*1B Y87*1B
0.35棕 0.35棕 0.75棕 2.5棕 0.35棕 0.35棕 0.75棕

X117*1V X47*1V X28*1B X47*1V
A27*1B A29*1B E395*1B S114*2B S19*1B S35*1B S3*1B S3*2B
0.35棕 0.75棕 2.5棕 2.5棕 0.35棕 0.35棕 0.35棕 0.35棕 0.35棕
29

自上页A X641*1V
自上页B Z10*5B

X117*1V X117*1V X117*1V X117*1V X117*1V X47*1V
Z10*5B

左侧双面电动卷轴 A253

车窗升降器电机及驾驶员侧车门电子控制装置 A279

驾驶员侧登车照明灯 E82

左前中音喇叭照明 E191

驾驶员侧车门的车门饰件中间照明 E69a

驾驶员侧车门袋照明 E47

驾驶员侧车门的车门饰件上部照明 E365

左前高音喇叭照明 E189

A253*1B A279*1B E82*1B E191*1B E69*1B E47*1B E365*1B E189*1B
5 6 1 1 1 1 1 1
2.5棕 2.5棕 0.35棕 0.35棕 0.35棕 0.35棕 0.35棕 0.35棕

X1373*1V X1373*1V X1373*1V X1373*1V X1373*1V X1373*1V
X47*1V X47*1V X47*1V
0.75棕

Z10*5B Z10*5B

017

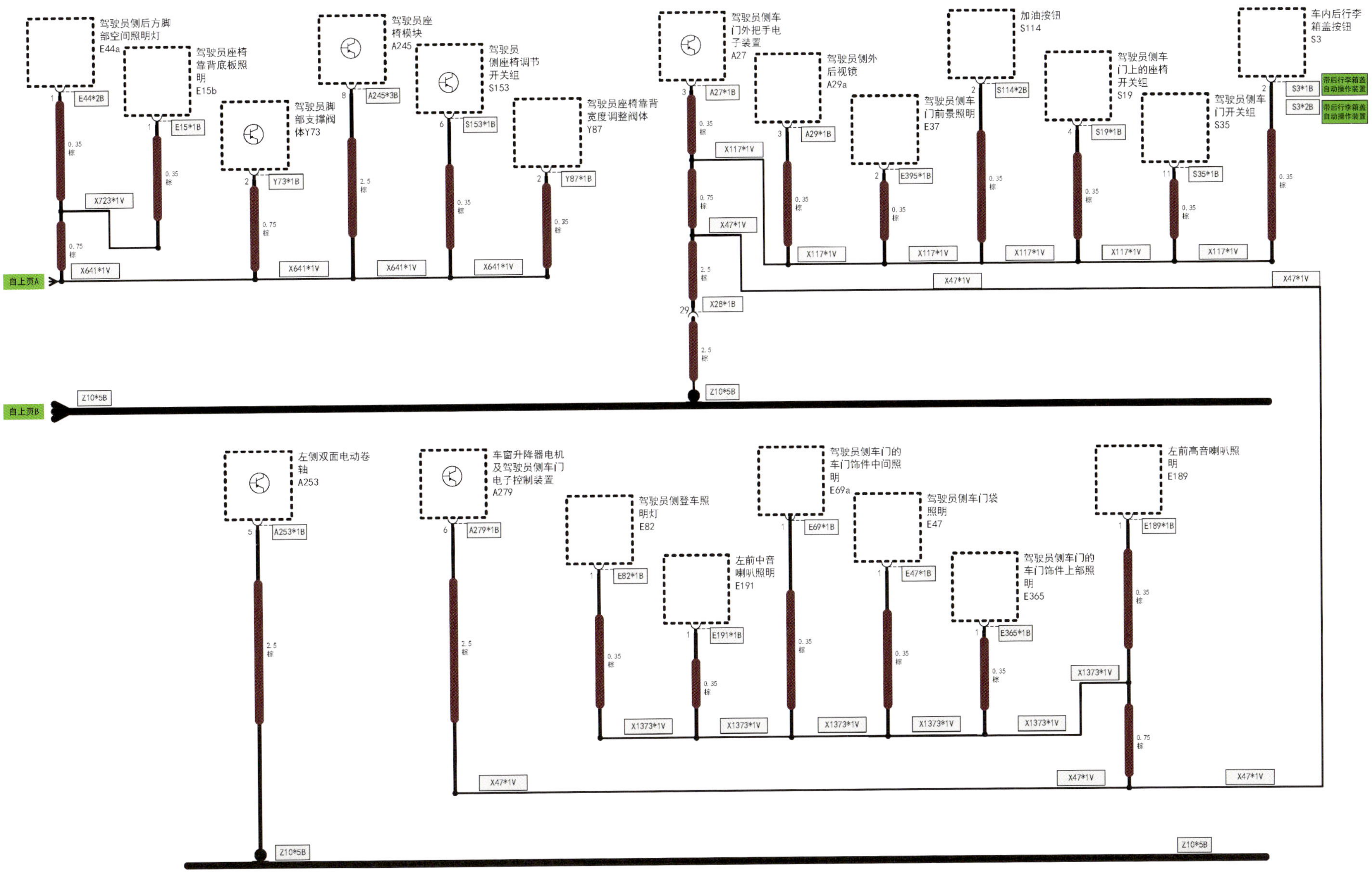

图 3-4

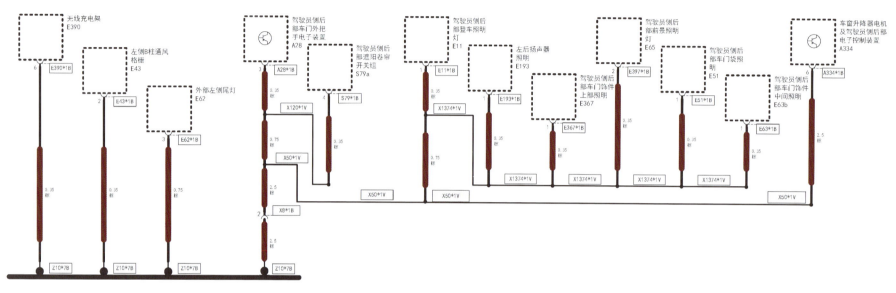

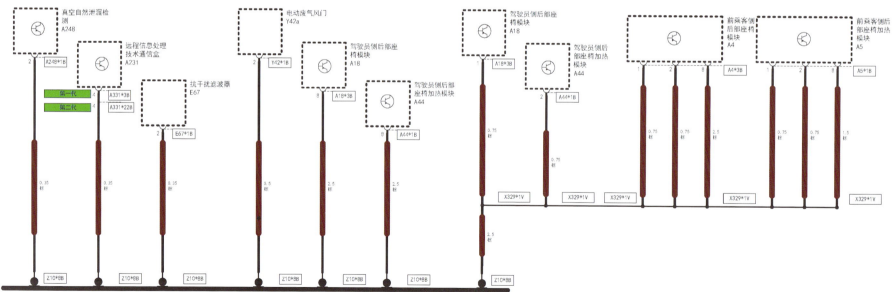

018

图 3-5

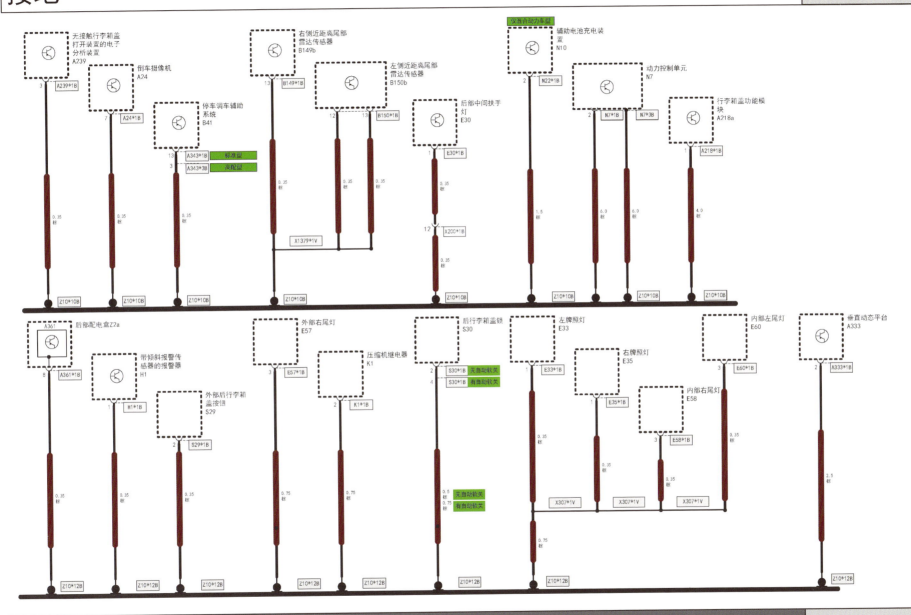

图 3-6

020

| 芳香剂 B416 | 电离器 A345 | 电动转向柱锁 A19a | 电动转向柱调整装置 A286 | 转向柱开关中心 A83 | 碰撞安全模块 A11 | 前乘客安全带锁扣触头 S48 | 驾驶员安全带锁扣触头 S7 |

| B416*1B | A345*1B | A19*1B | A286*1B | A83*1B | A11*1B | X12*1B | X14*1B |

0.35棕 0.35棕 0.75棕 1.5棕 0.75棕 0.35棕 42 42

X1605*1B 0.35棕 X581*1V

0.35棕 0.35棕

Z10*16B Z10*16B Z10*16B Z10*16B Z10*16B Z10*29B Z10*29B

| 视频模块 A25 | 灯光效果管理器 A371 | 无线充电架天线放大器 E405 | USB集线器 A135 | CAN端子4 R4a | 主机 A42 | 高保真功率放大器 A37 | 后座区视听设备 A38 | 顶级高保真功率放大器 A52 |

| A25*1B | A371*1B | E405*1B | A135*1B | R4*1B | A42*1B | A37*1B | A38*1B | A52*4B |

0.35棕 0.35棕 0.35棕 0.35棕 0.35棕 1.5棕 2.5棕 1.5棕 6.0棕

X20*1B X1691*1V

0.35棕 4.0棕

Z10*20B Z10*20B Z10*20B Z10*20B Z10*20B Z10*20B Z10*20B Z10*20B Z10*20B

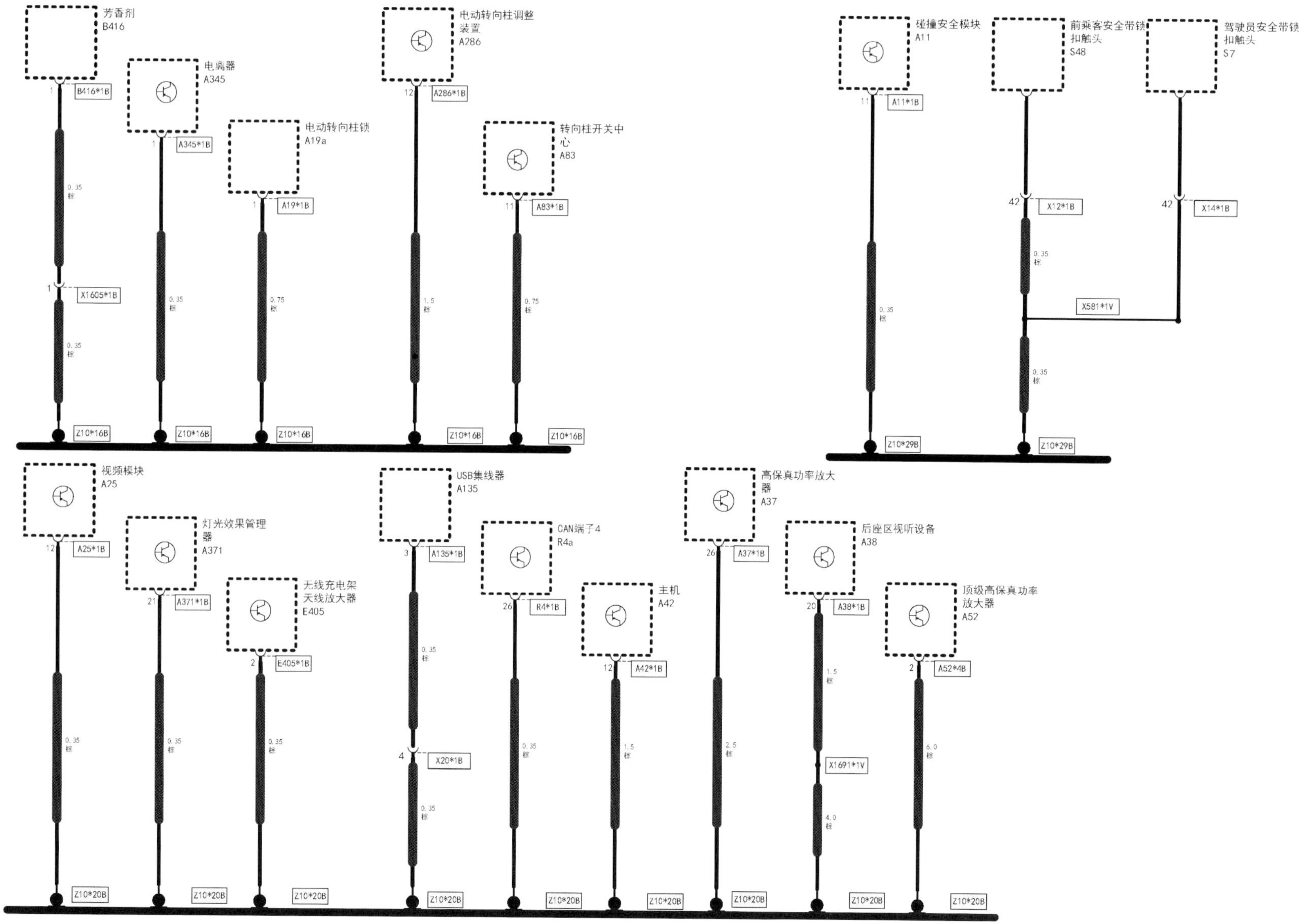

图 3-7

图 3-8

021

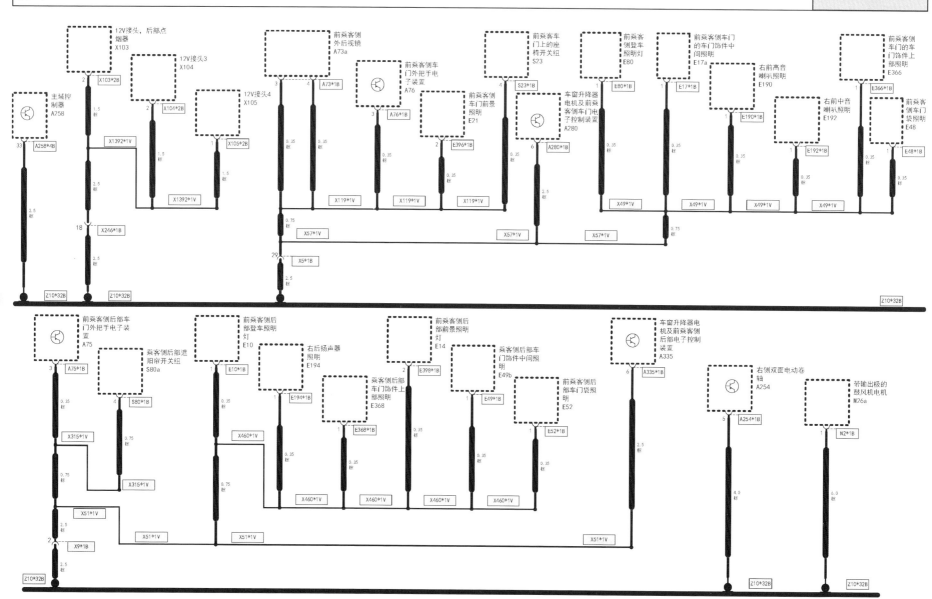

图 3-9

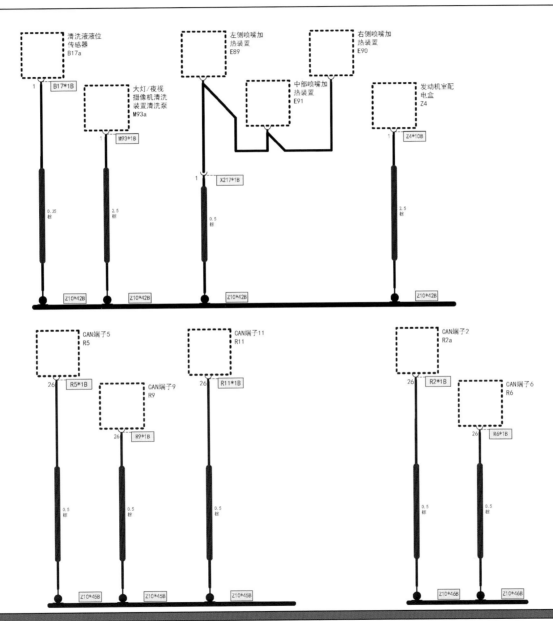

图 3-10

第四章　网络通信系统

网络通信系统——以太网：Entry Evo的主机带以太网交换机1

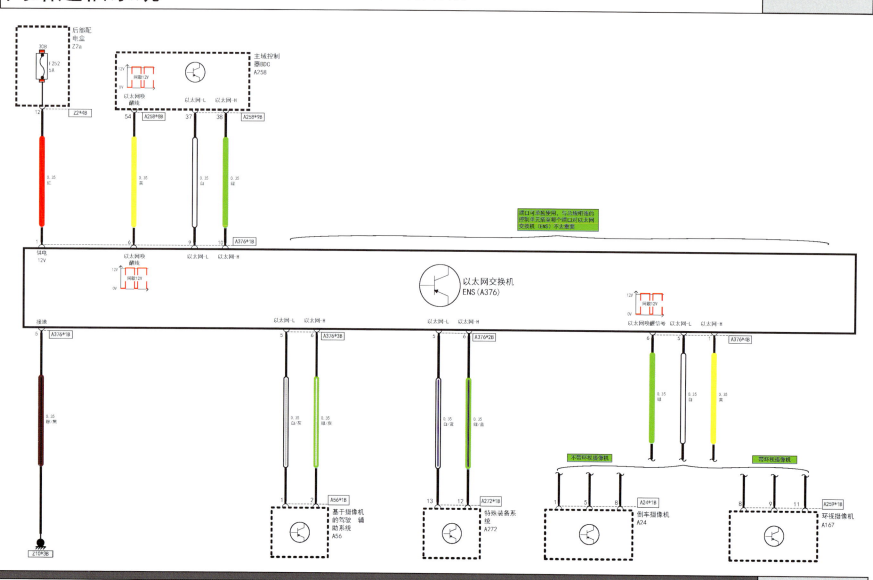

图 4-1

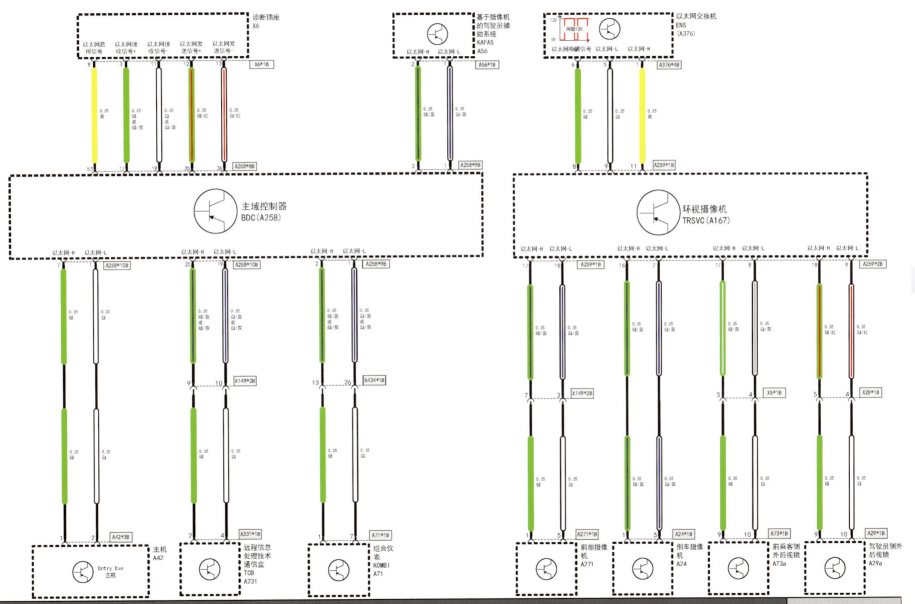

图 4-2

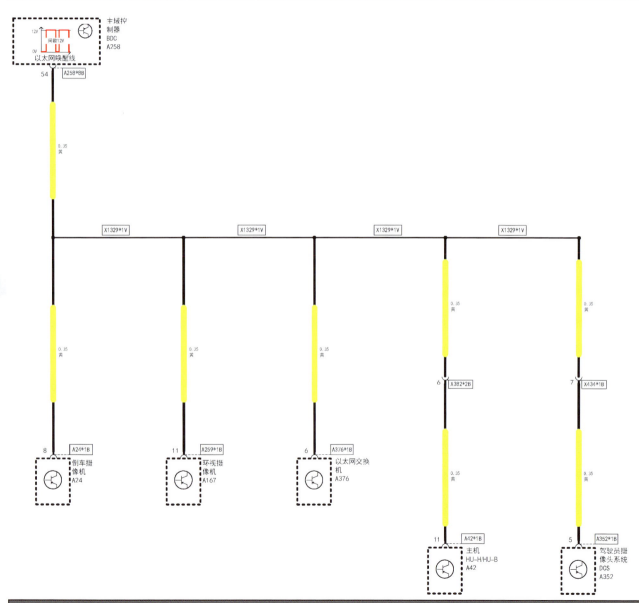

图 4-3

网络通信系统——以太网：NBT Evo的主机无以太网交换机1（图4-4）

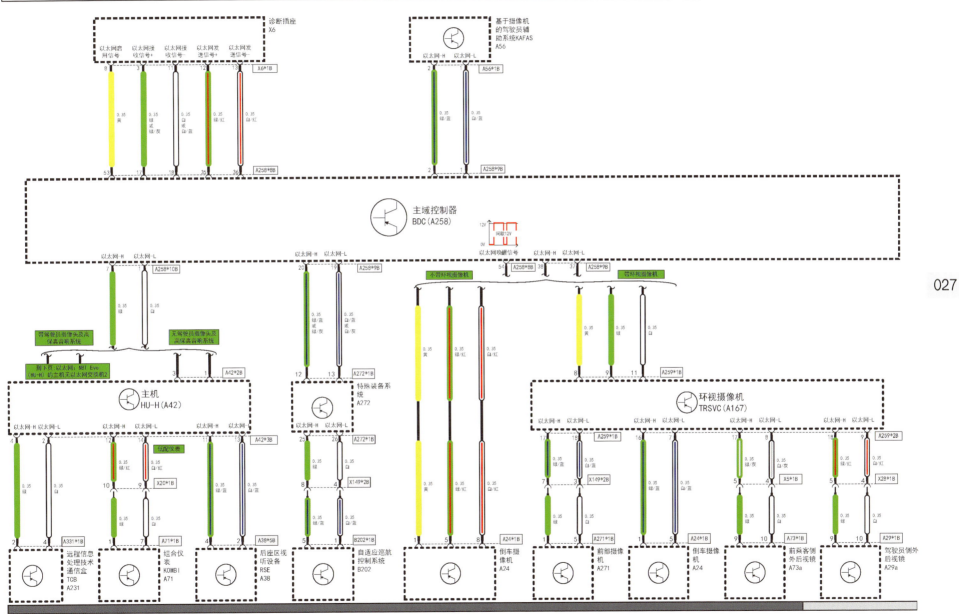

027

图4-4

028

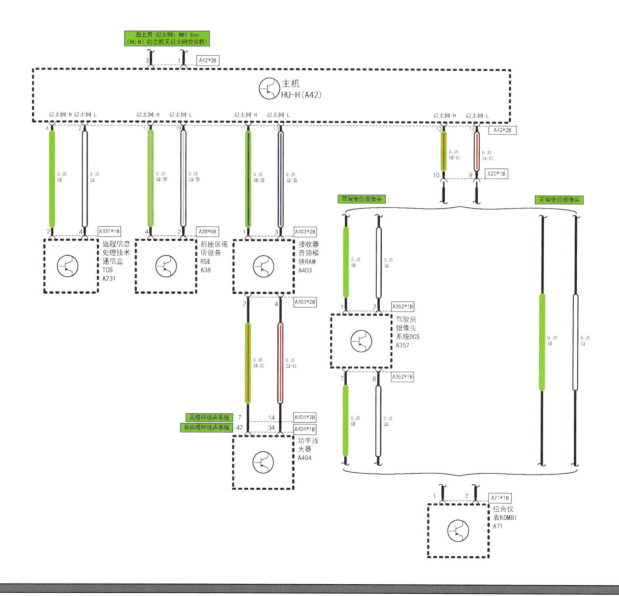

图 4-5

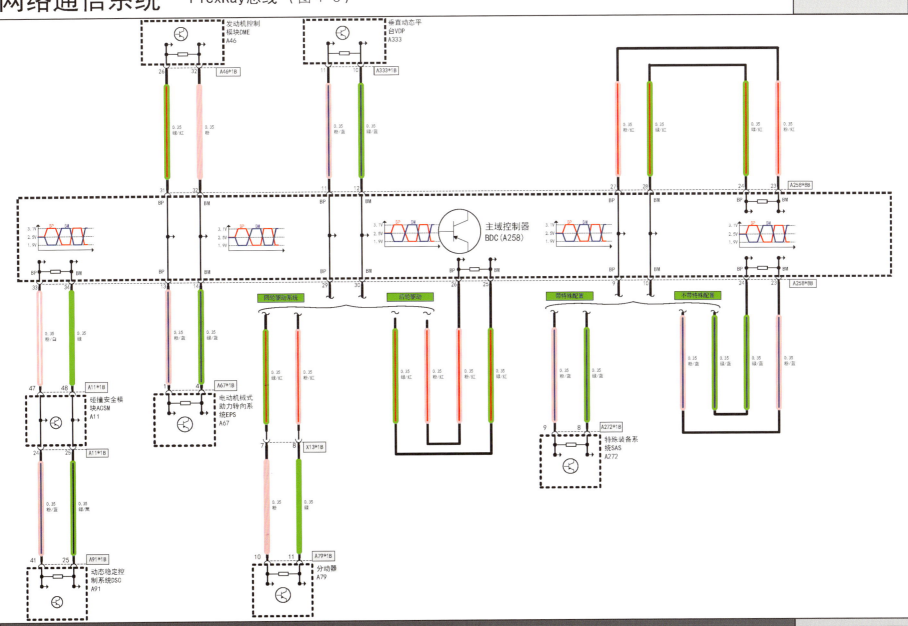

图4-6

组合仪表
KOMBI
A71

发动机控制
模块DMF
A46

发动机控制
模块2 DME2
A45

CAN-H CAN-L   A71*1B

CAN-H CAN-L   A46*1B

CAN-H CAN-L   A45*1B

9   10

41   42

41   42

0.35 黄/白   0.35 黄/黑

0.35 黄/白   0.35 黄/黑

0.35 黄/白   0.35 黄/黑

36   35   A258*7B

CAN-H   CAN-L

主域控制器
BDC
A258

3.5V
2.5V
1.5V

3.5V
2.5V
1.5V

CAN-H   CAN-L

20   19   A258*8B

48   47   A258*8B   X203*1V

X203*1V

X203*1V

X203*2V

X203*2V

X203*2V

0.35 黄/白   0.35 黄/黑

0.35 黄/白   0.35 黄/黑

030

CAN-H   CAN-L

标准配置

特殊配置

0.35 黄/白   0.35 黄/黑

12   25   R5*1B

CAN端子5
R5

CAN-H CAN-L   CAN-H CAN-L   CAN-H CAN-L   CAN-H CAN-L   接地

8   21   9   22   10   23   11   24   26   R5*1B

0.35 黄/白   0.35 黄/黑

0.35 黄/白   0.35 黄/黑

0.35 黄/白   0.35 黄/黑

0.35 黄/白   0.35 黄/黑

0.35 灰

Z10*45B

58   57   A190*1B

5   6   A80*1B

4   5   A60*1B

41   42   A46*1B

CAN-H CAN-L

电机电子装
置(混合动
力)
A190

CAN-H CAN-L

夜视电子装
置
A80

CAN-H CAN-L

自动防
眩车内
后视镜
A60

CAN-H CAN-L

发动机控制
模块DME
A46

灭车道偏离报
警装置的远光
灯辅助系统

N63/S63/N74
发动机

图 4-7

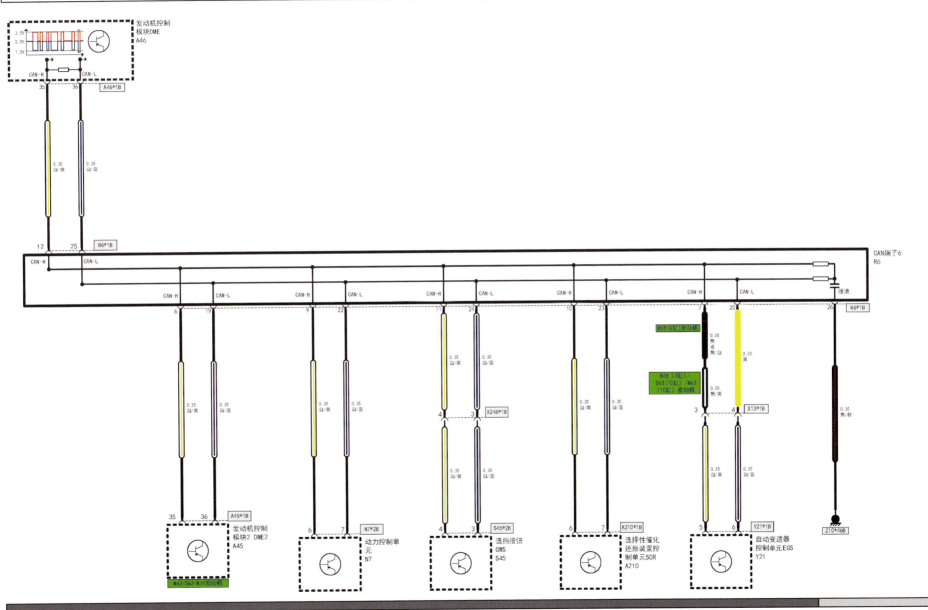

图 4-8

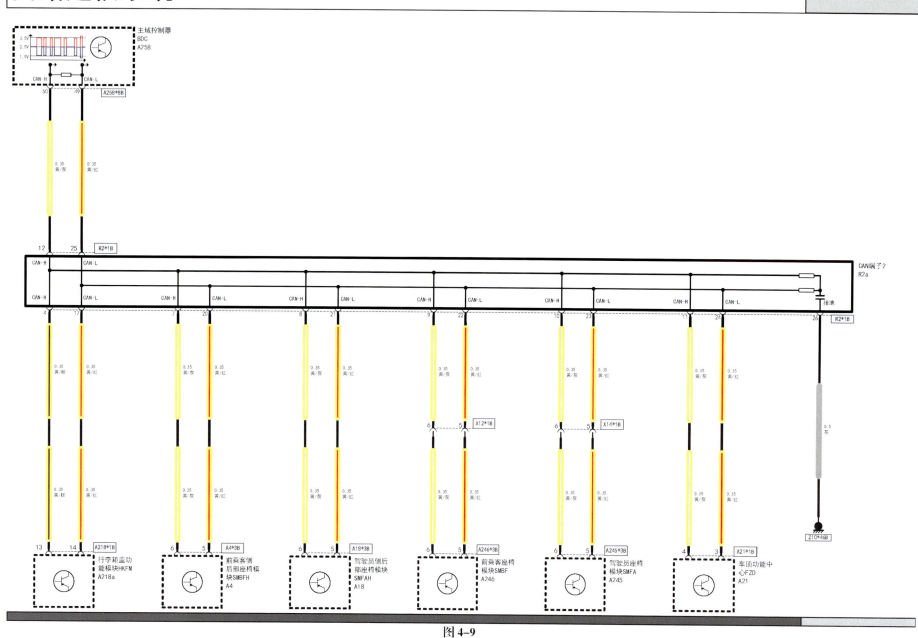

图 4-9

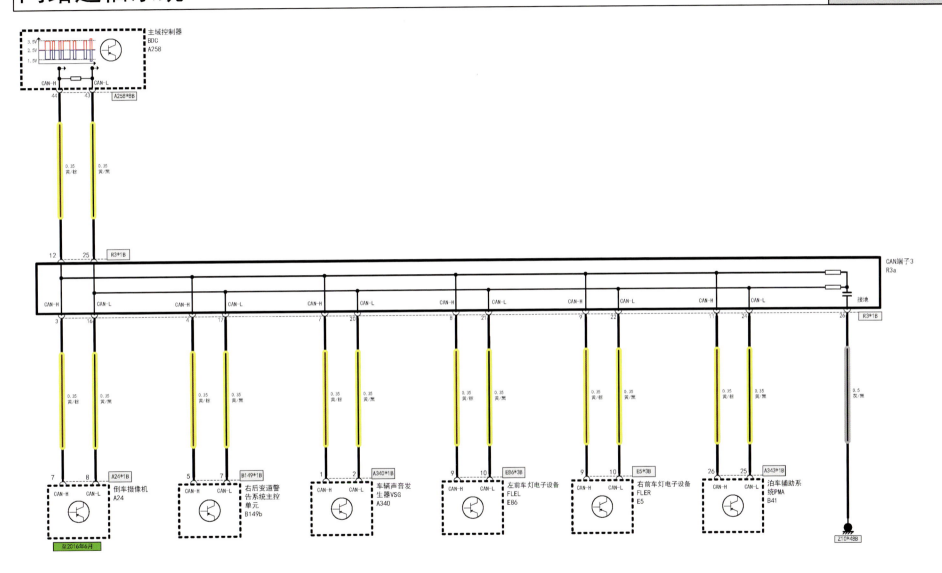

网络通信系统——K-CAN4 （图4-11）

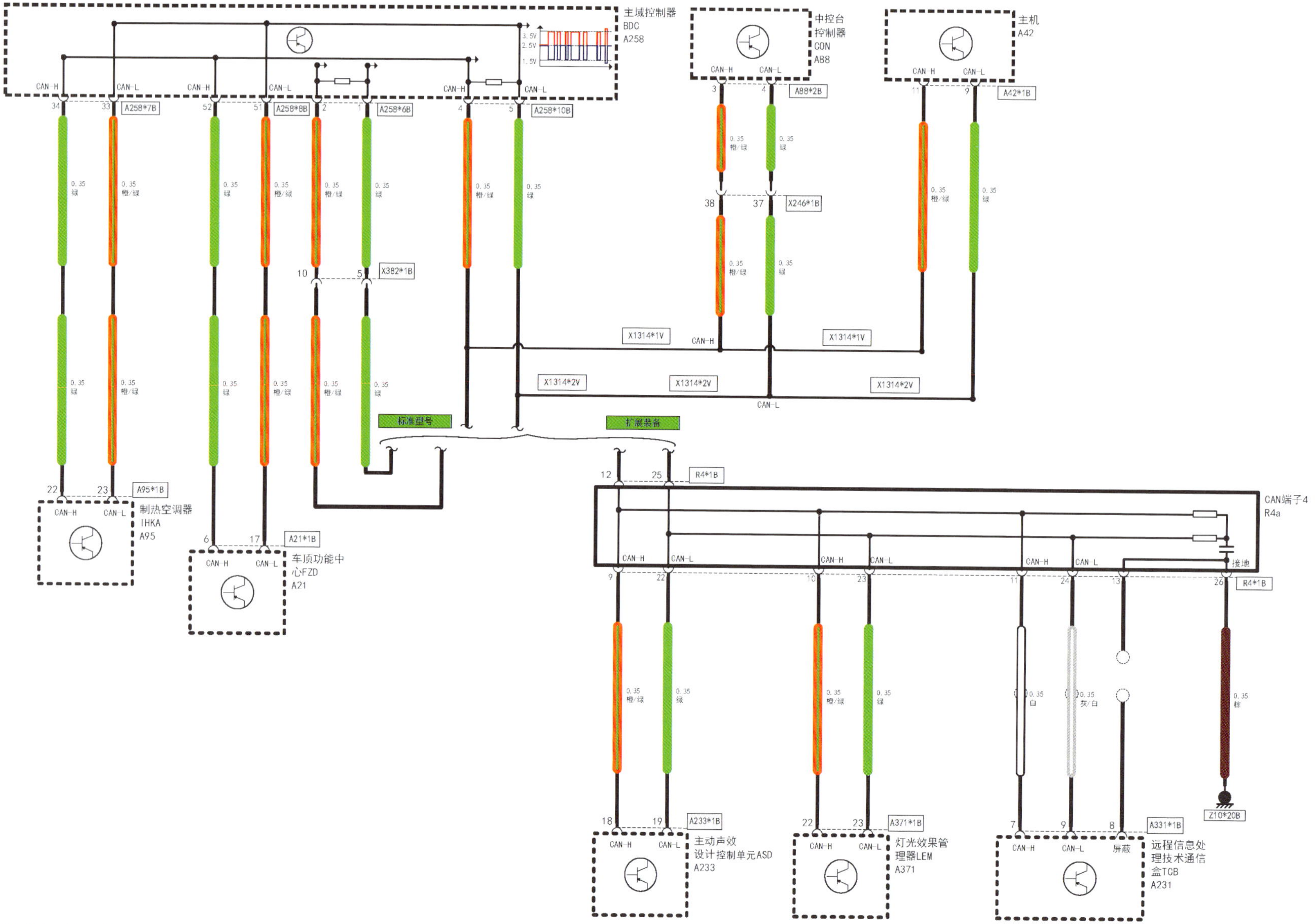

034

图 4-11

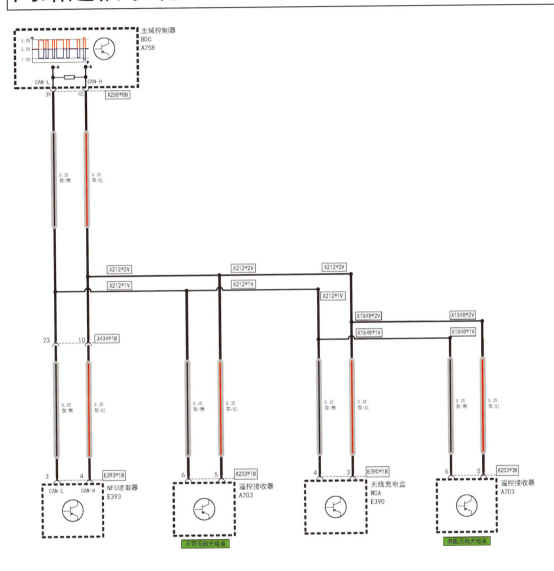

图 4-12

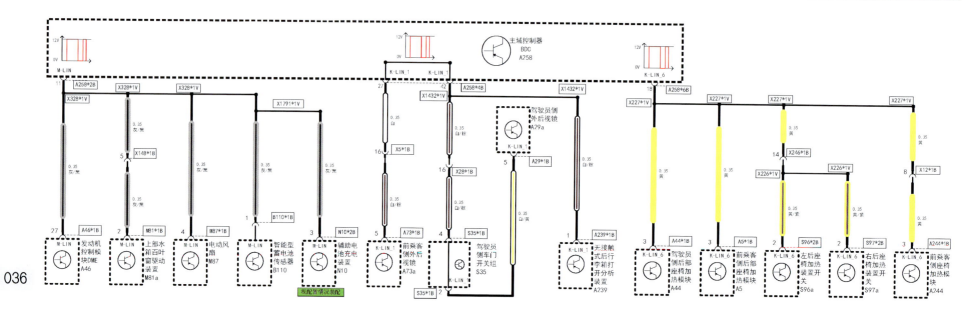

036

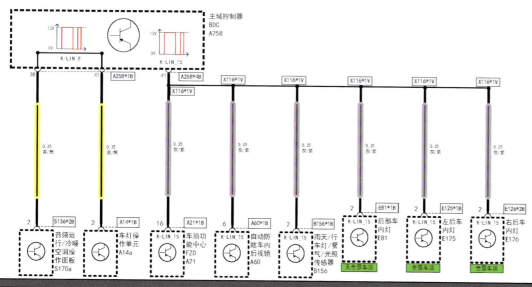

图 **4-13**

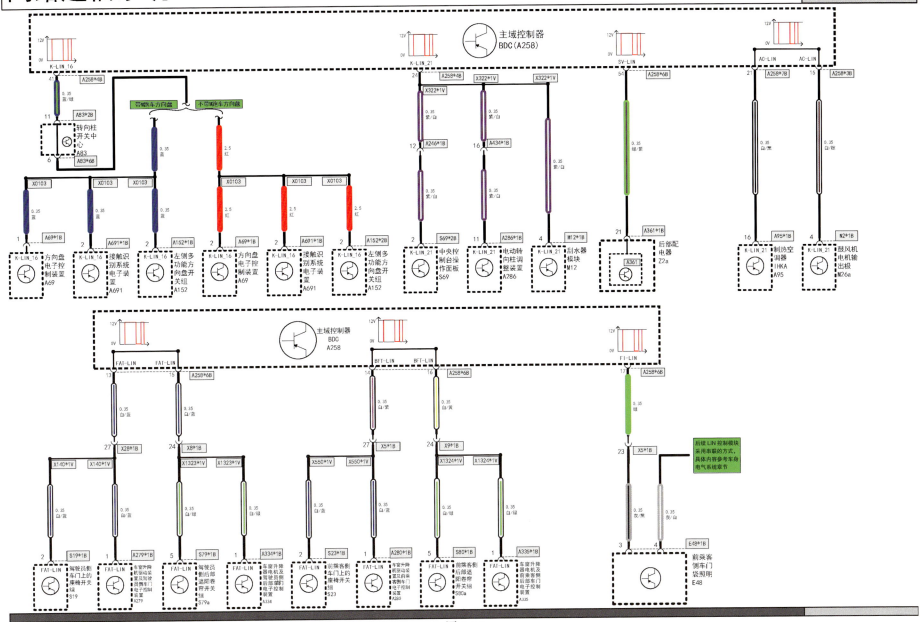

图4-14

037

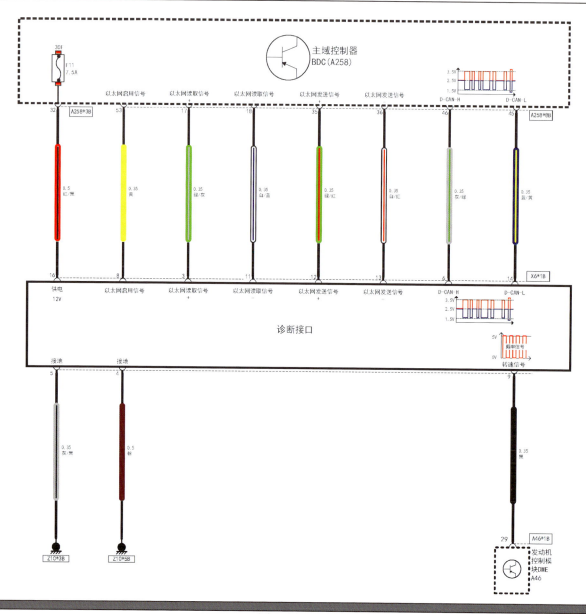

图 4-15

启动及充电系统——启动系统（图5-1）

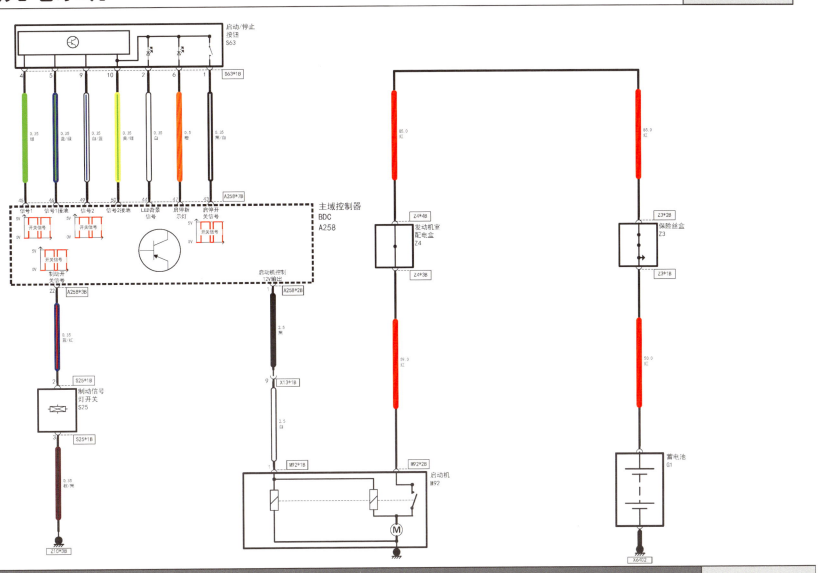

039

图5-1

040

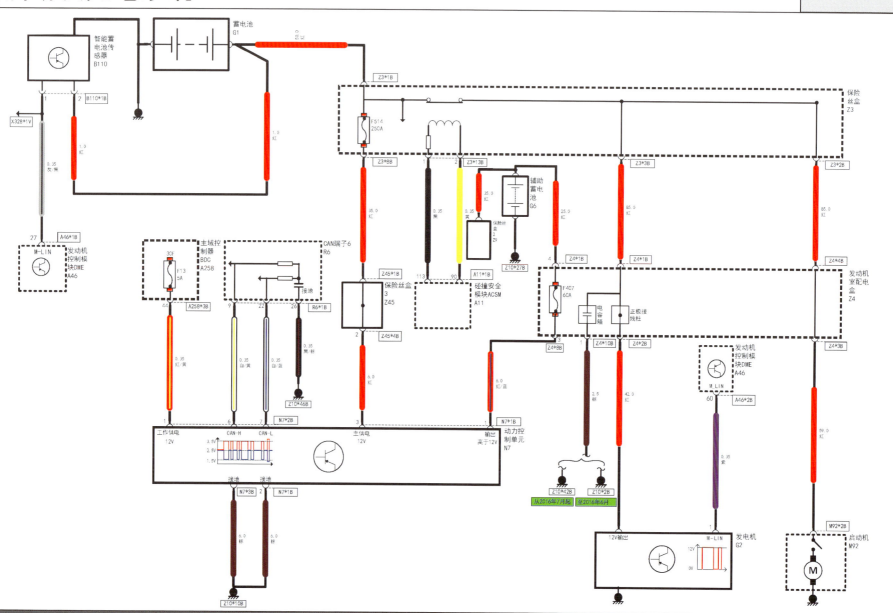

图 5-2

四缸B48发动机控制系统——DME供电及传感器／执行器12V供电（图6-1）

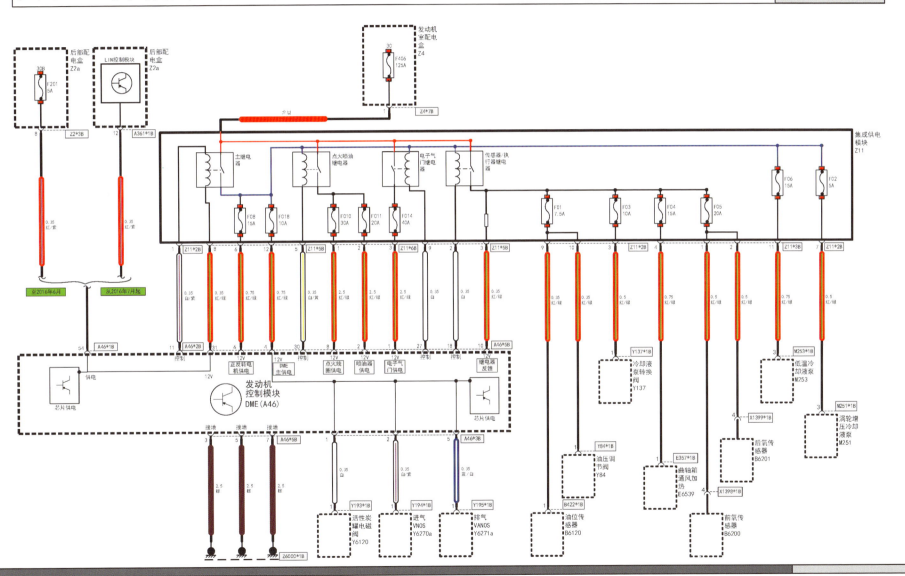

041

图6-1

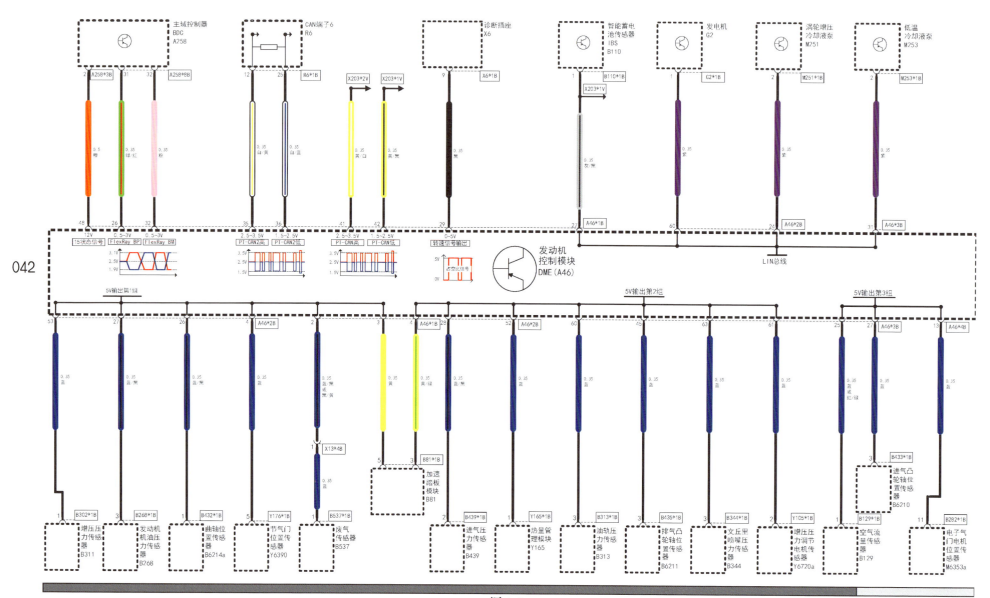

图6-2

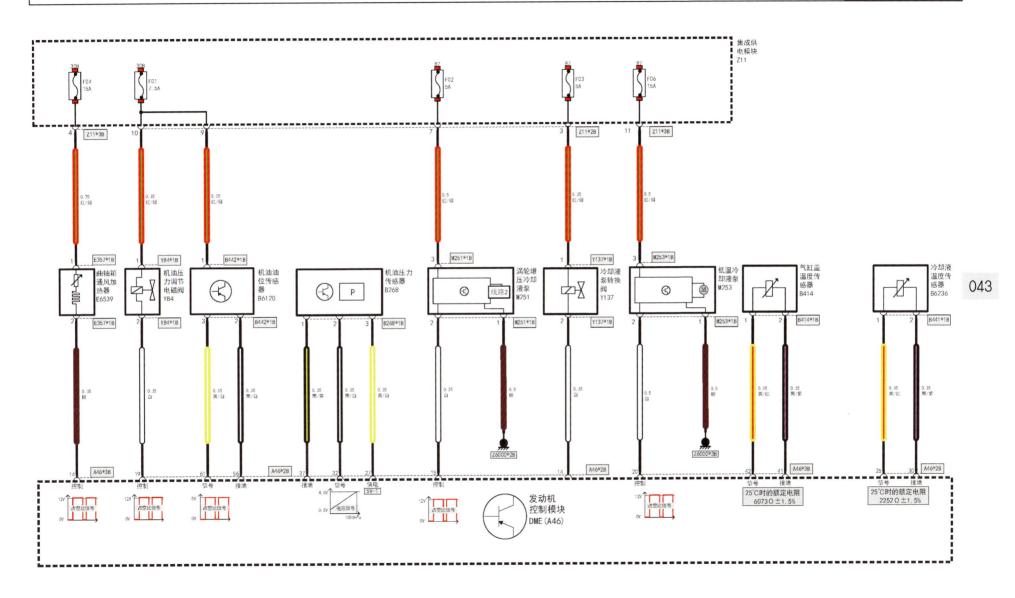

图 6-3

044

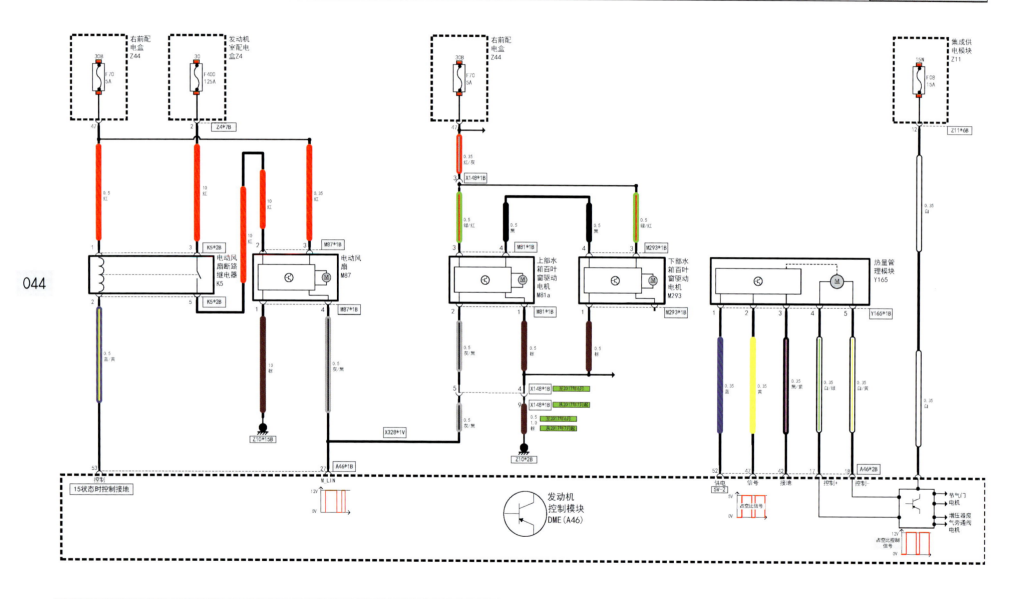

图 6-4

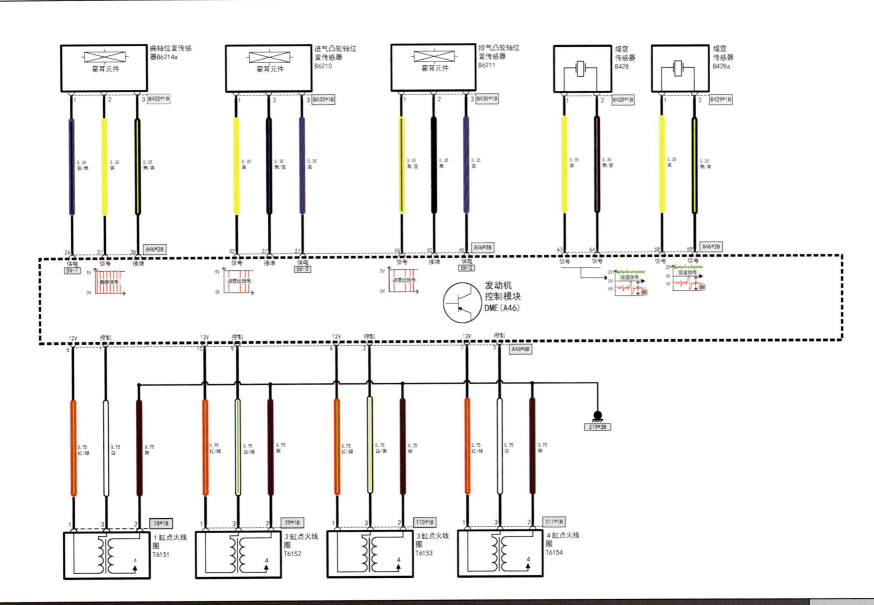

图6-5

046

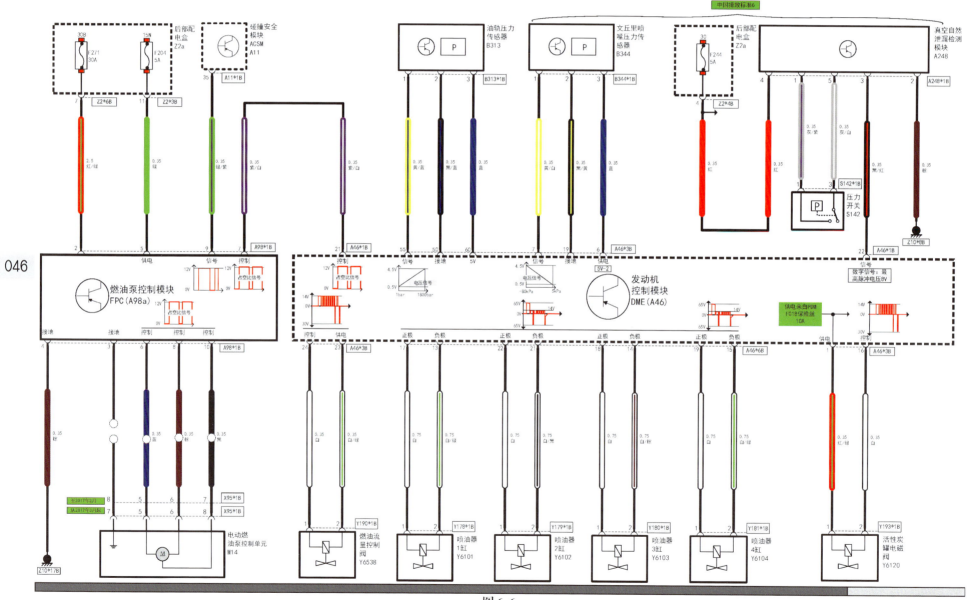

图 6-6

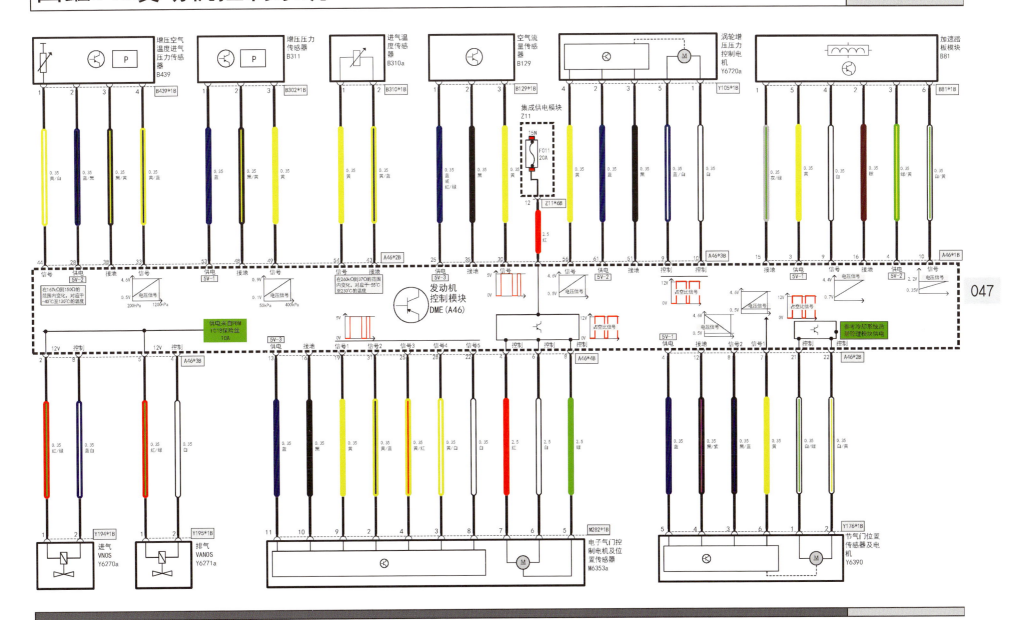

047

图 6-7

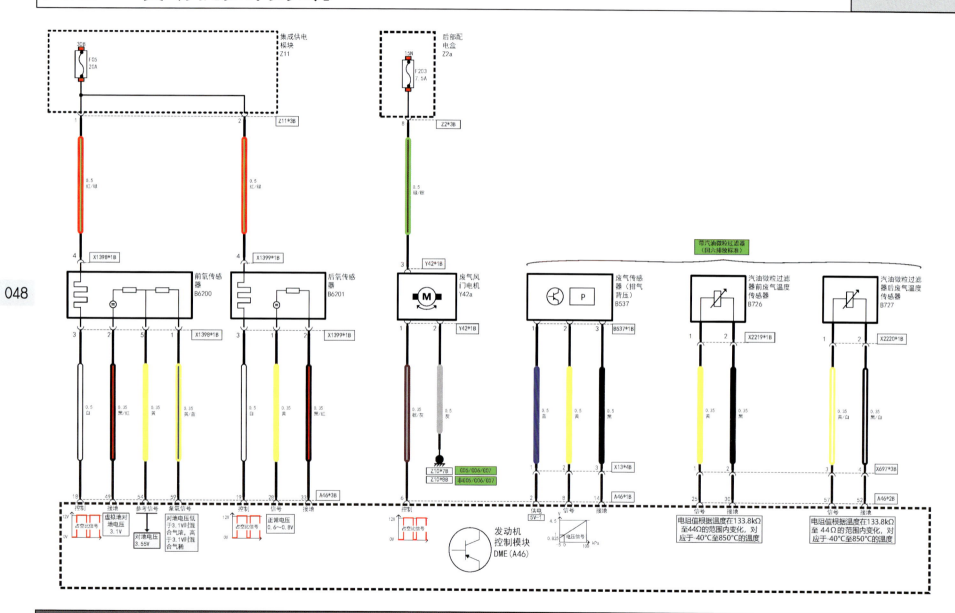

图 6-8

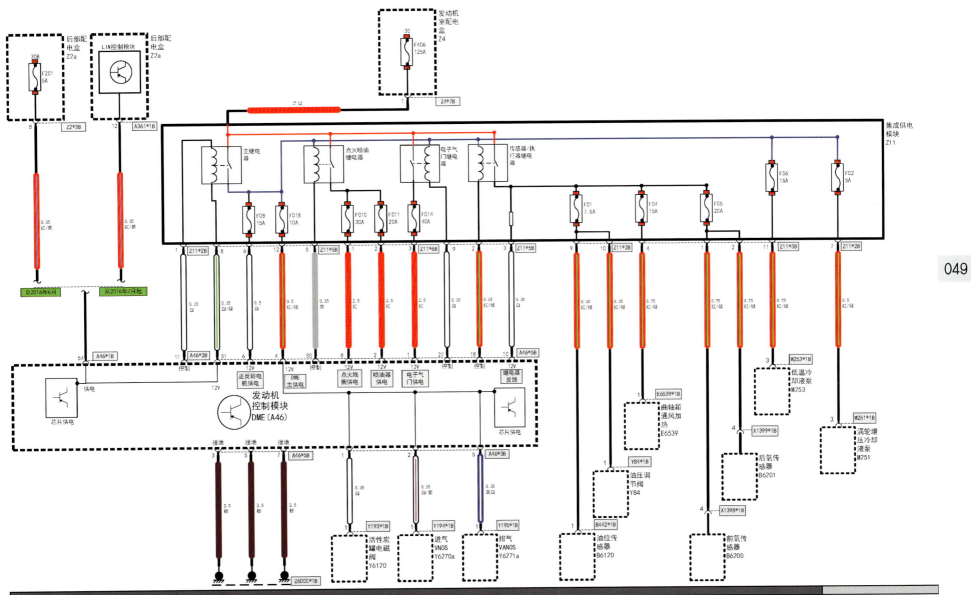

049

图6-9

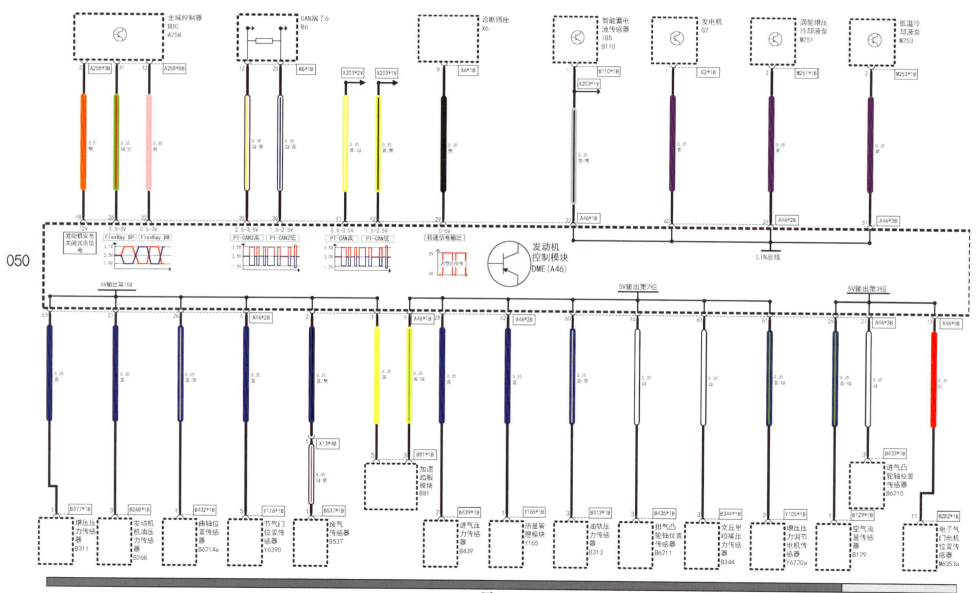

050

图 6-10

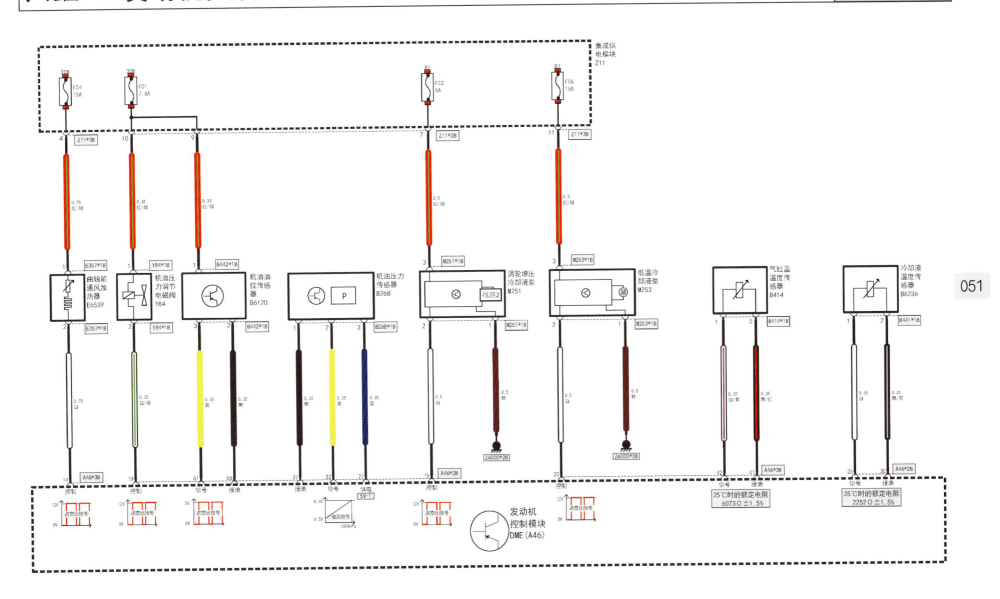

051

图 6-11

052

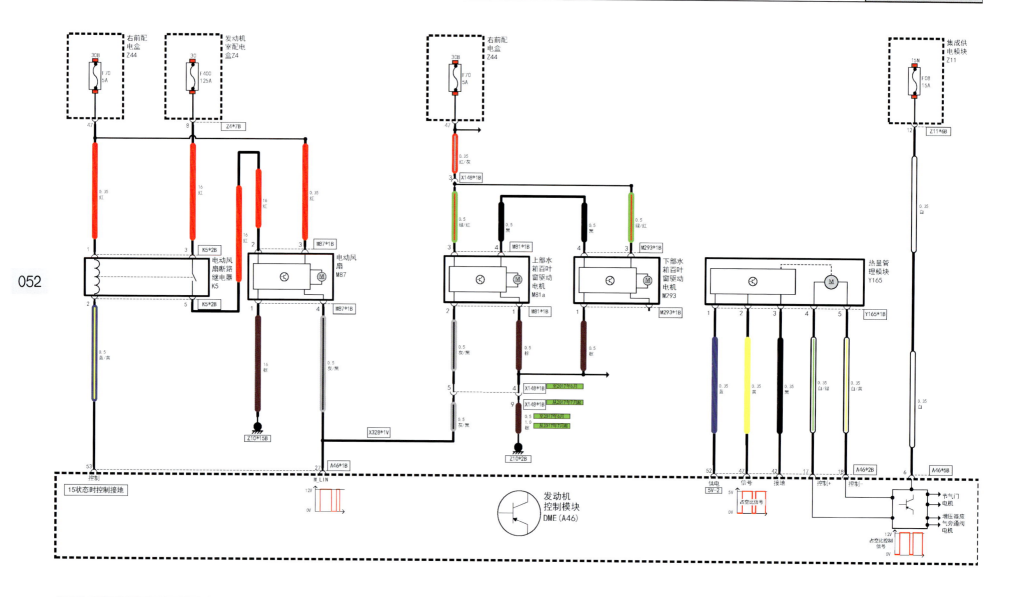

图 6-12

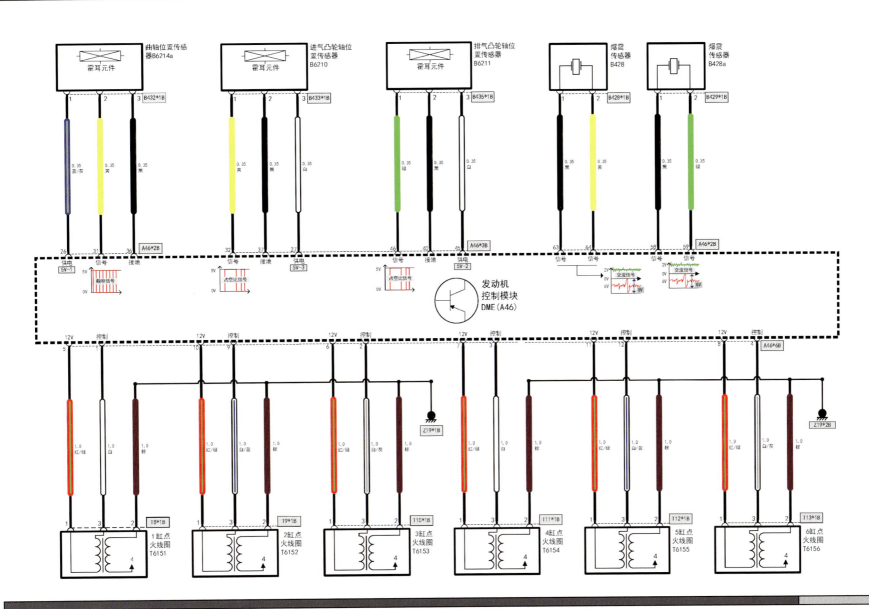

053

图 6-13

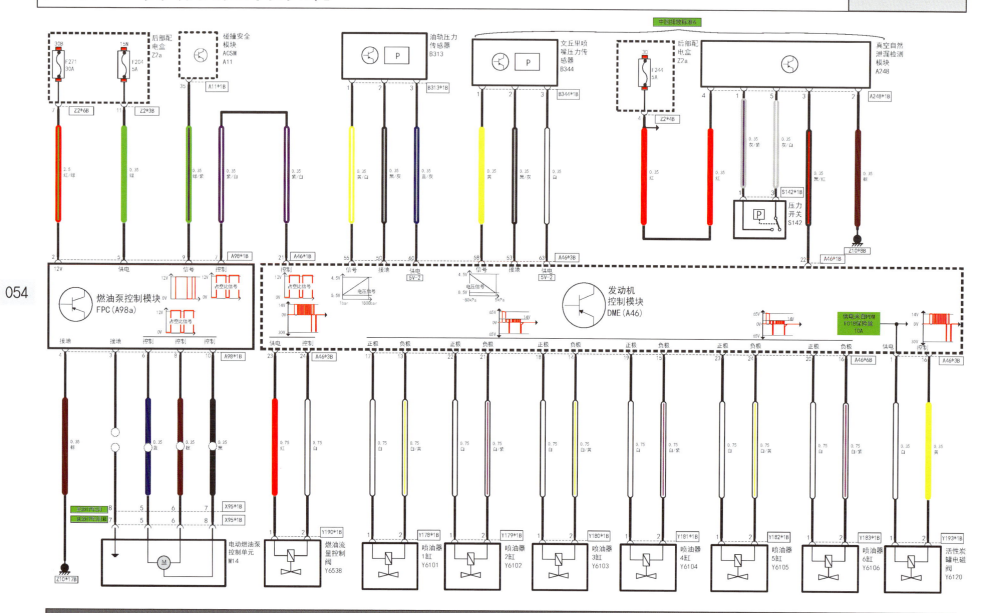

图 6-14

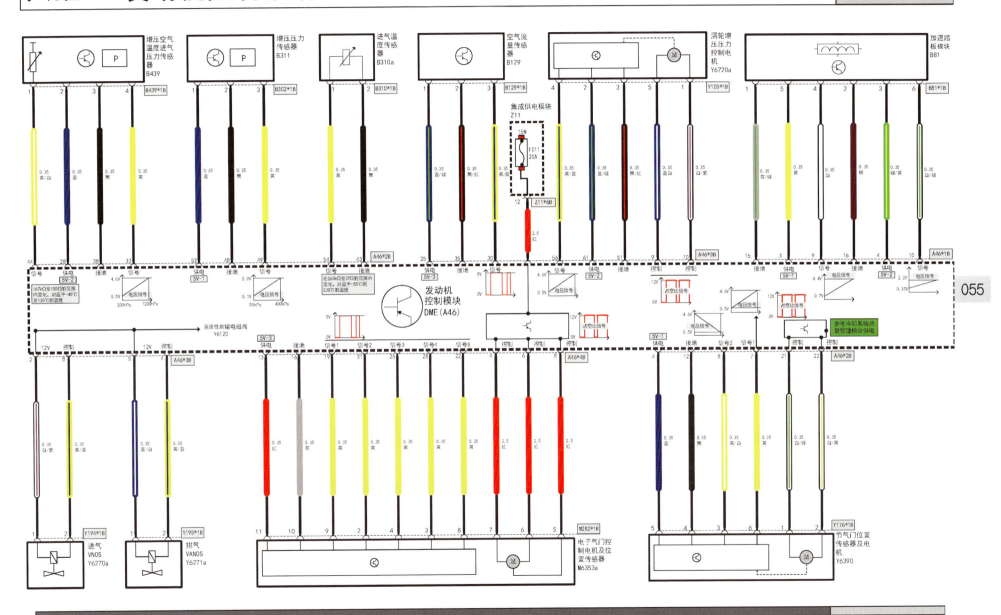

图 6-15

056

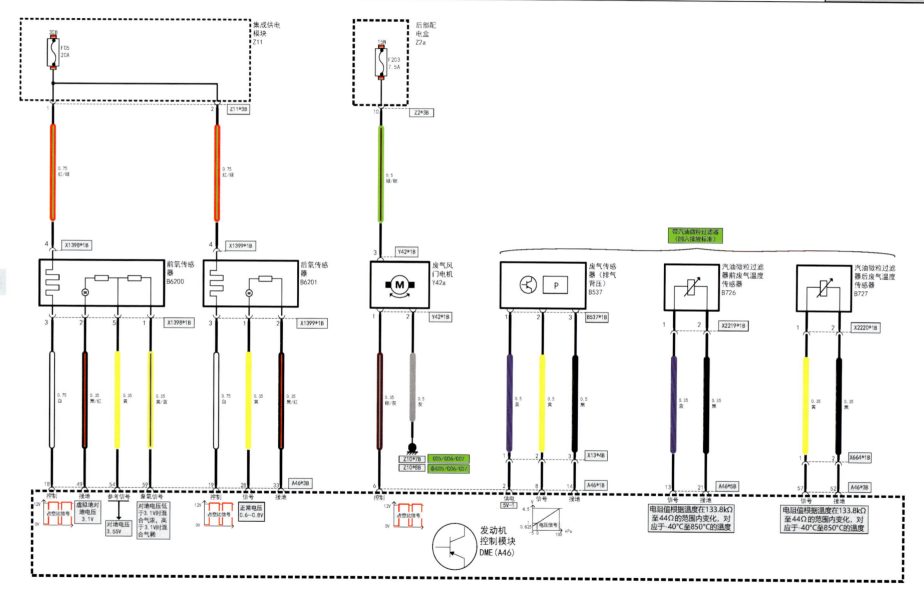

图 6-16

驱动控制系统——自动变速器控制系统（图 7-1）

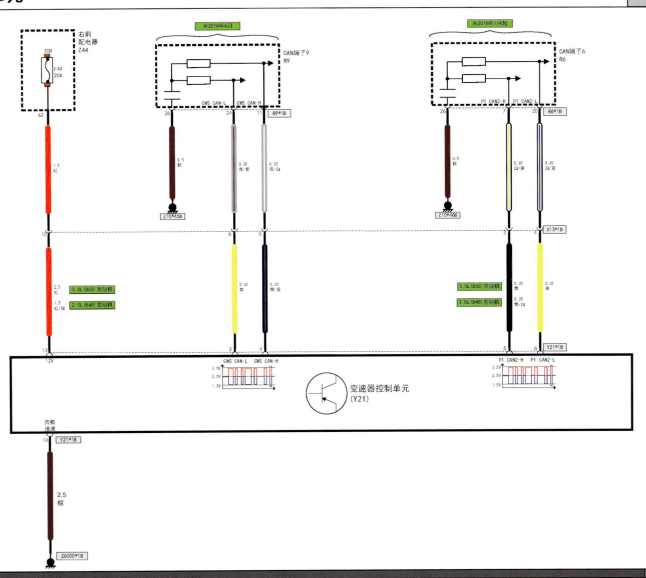

057

图 7-1

058

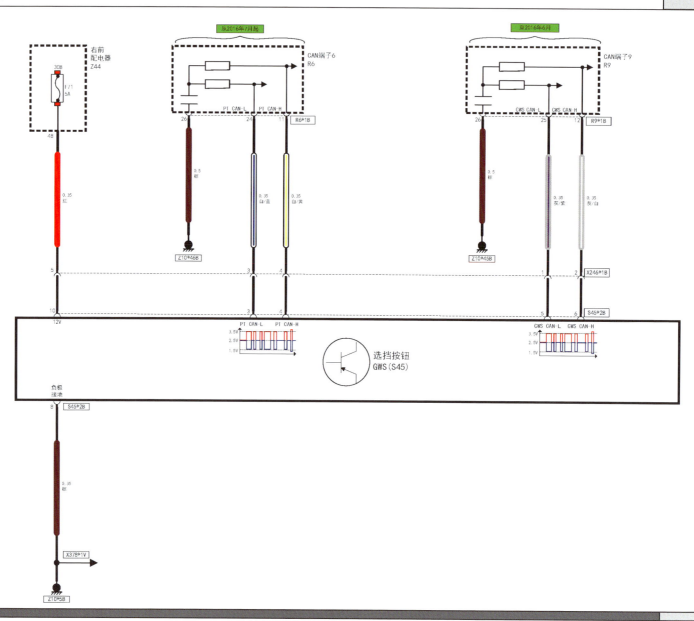

图 7-2

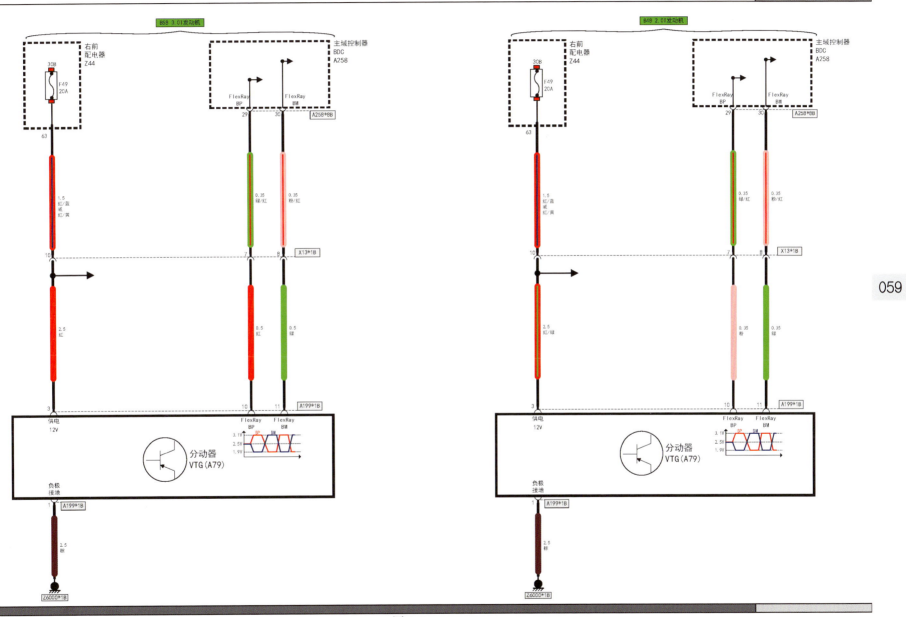

图 7-3

底盘控制系统—— 动态稳定控制系统(DSC)/驻车制动系统 （图 8-1）

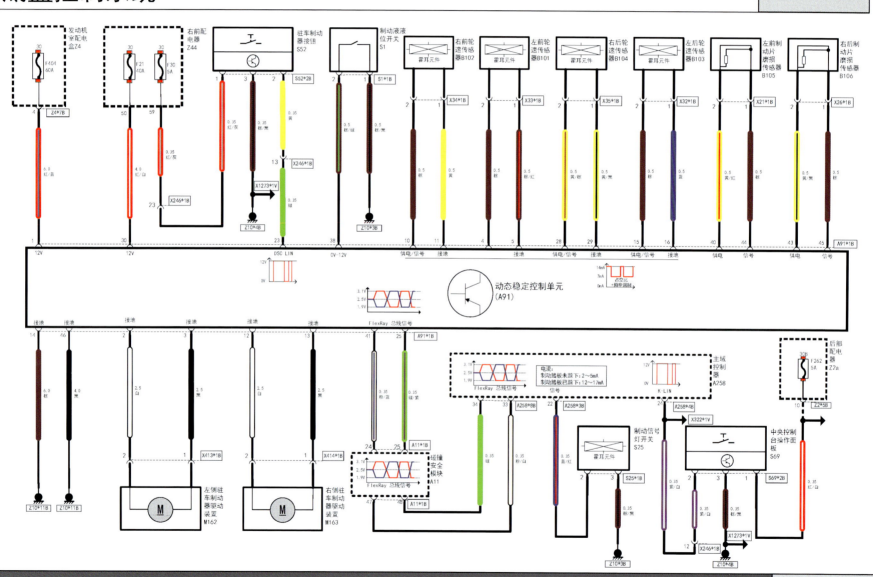

图 8-1

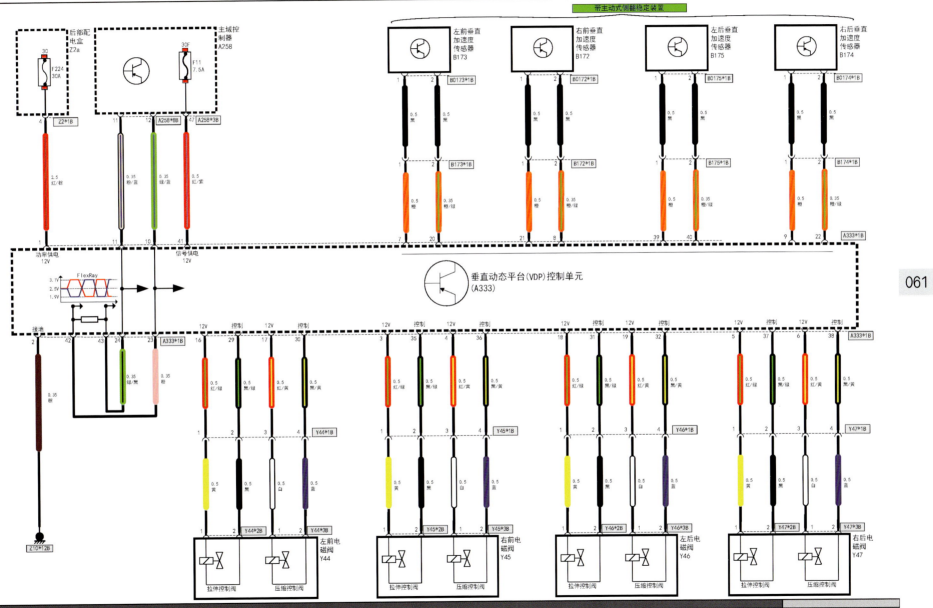

061

图 8-2

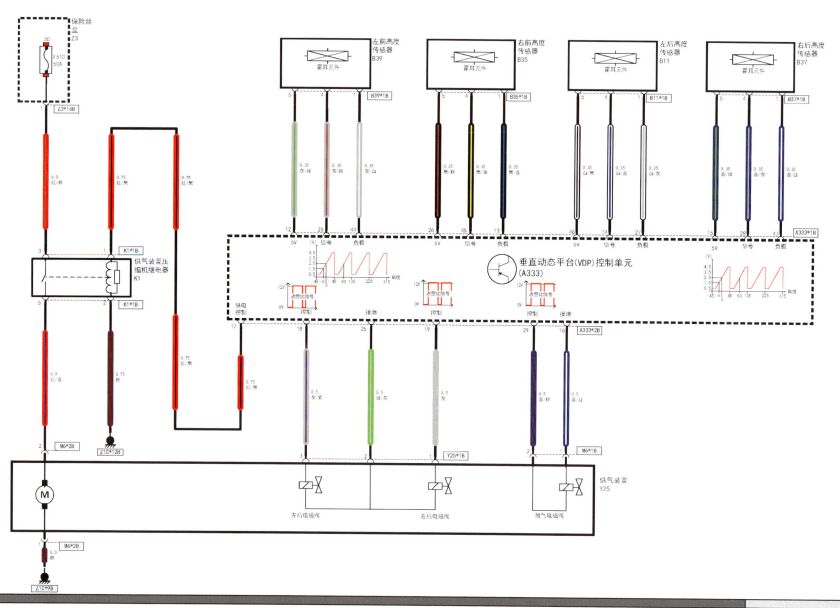

图8-3

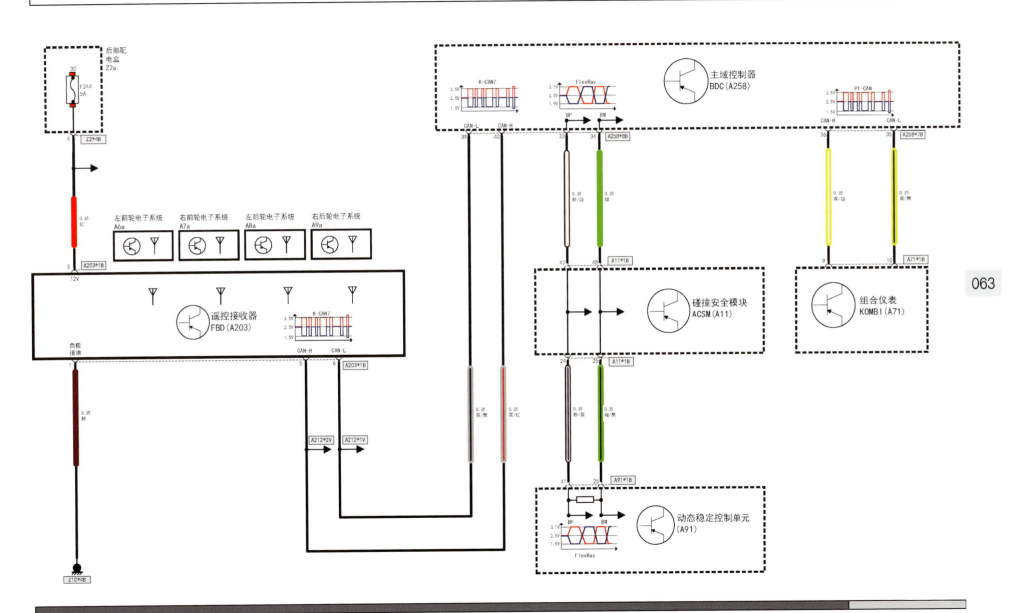

063

图 8-4

064

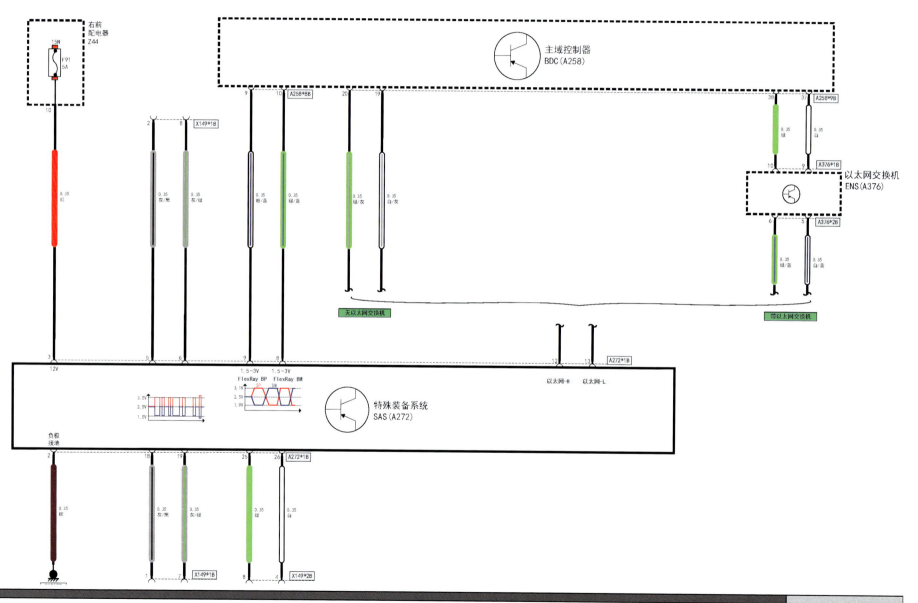

图8-5

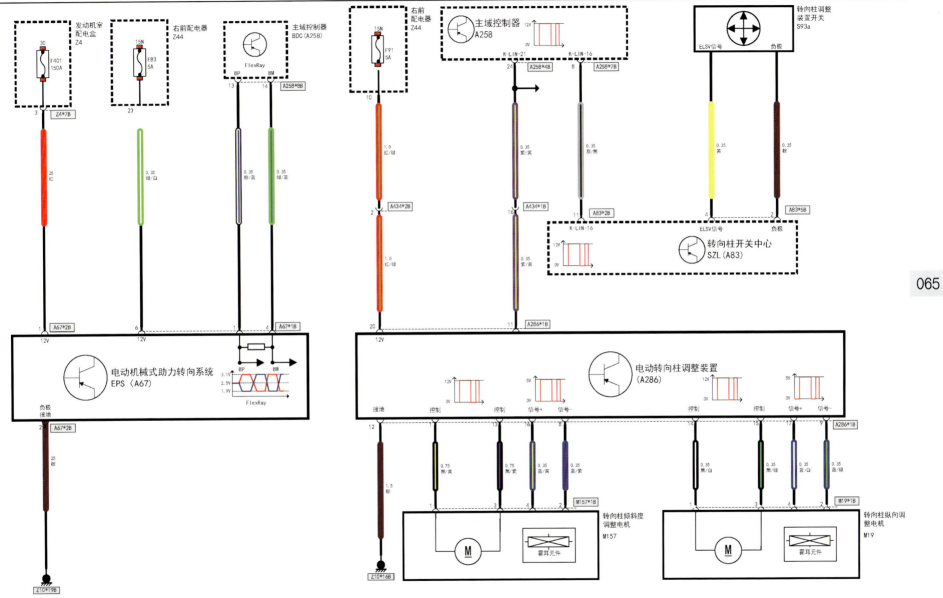

065

图 8-6

关闭和锁定系统——便捷进入及启动系统：启动按钮及信号接收（图 9-1）

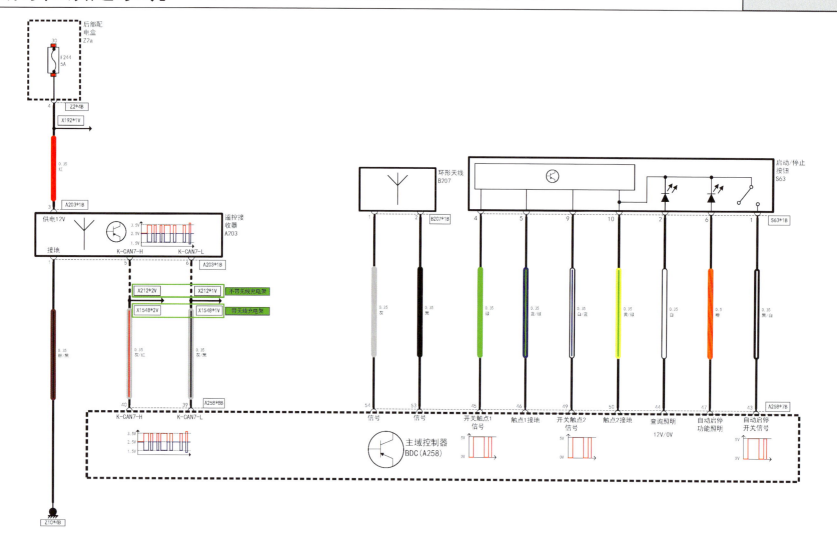

图 9-1

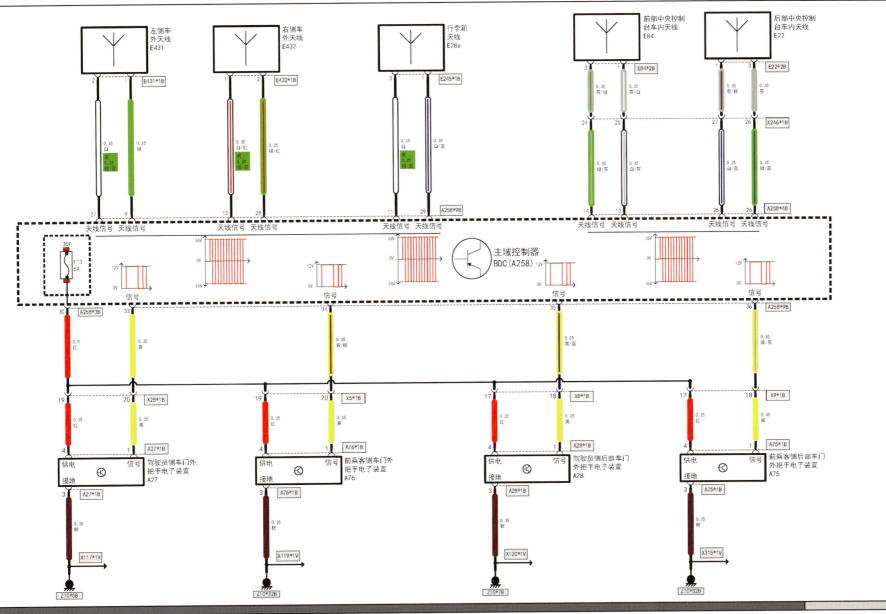

图9-2

068

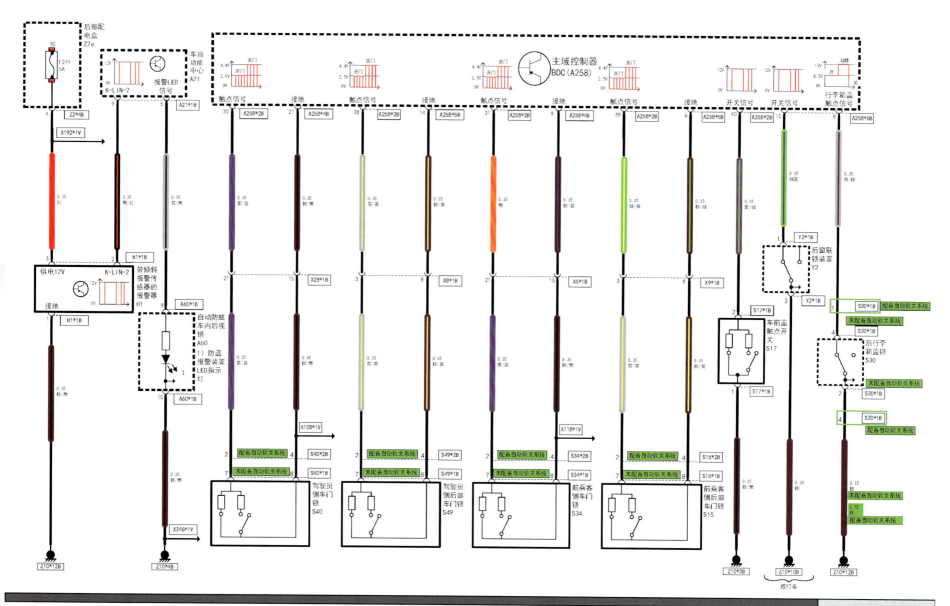

图 9-3

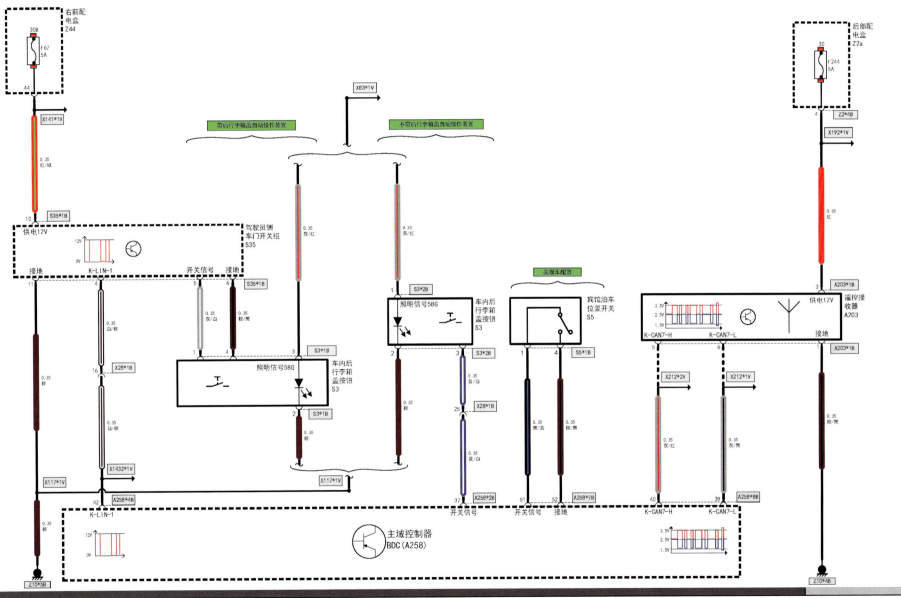

图9-4

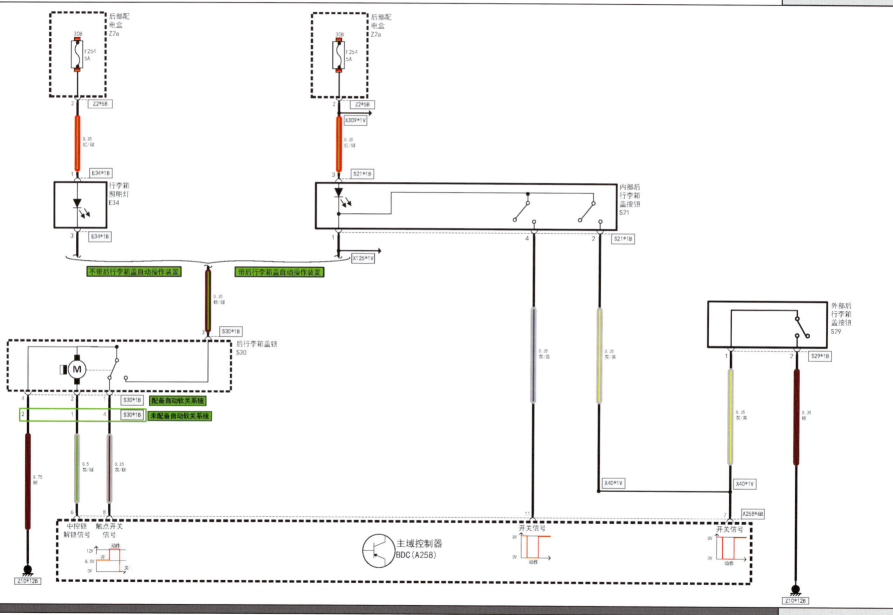

070

图 9-5

关闭和锁定系统——中控锁：两前门（图9-6）

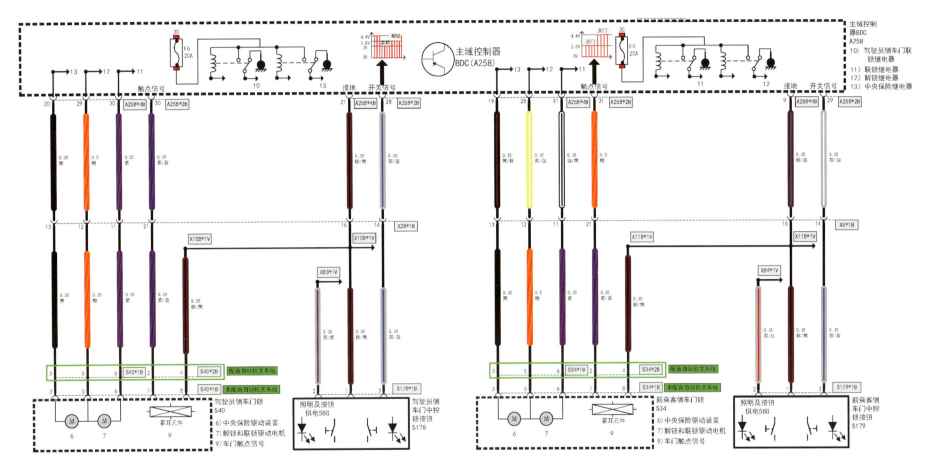

图 9-6

071

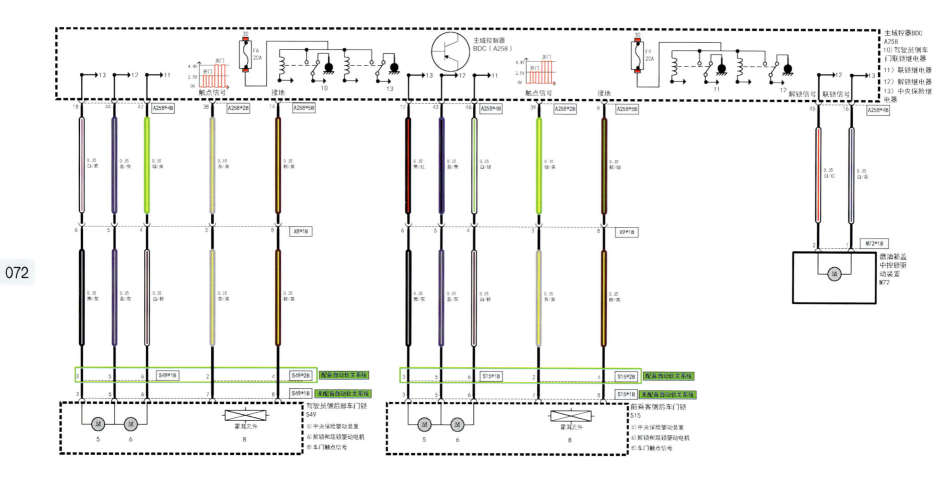

图 9-7

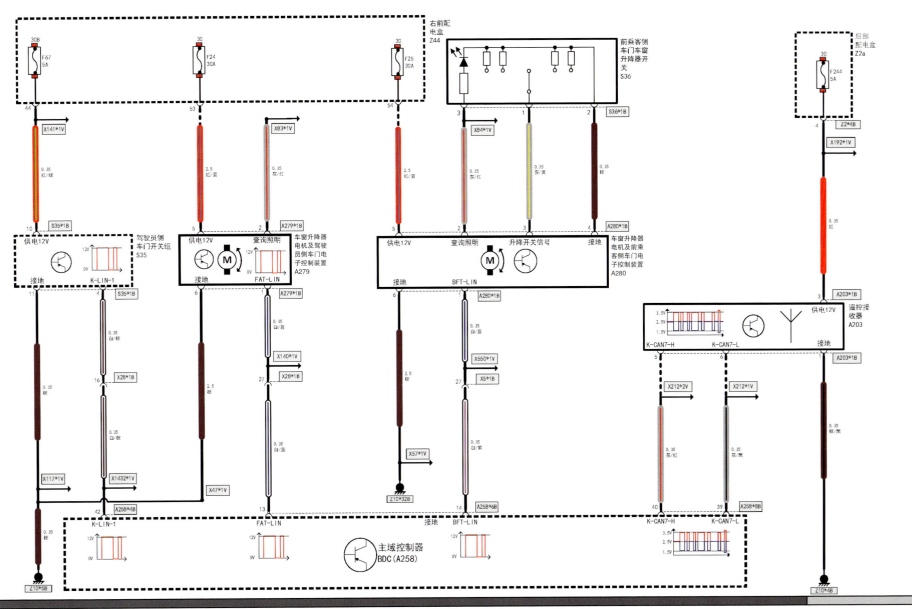

右前配
电盒
Z44

前乘客侧
车门车窗
升降器开
关
S36

后部
配电盒
Z2a

30B
F67
5A

30
F24
30A

30
F25
30A

30
F244
5A

44
X141*1V

53

54

4
Z2*4B

X192*1V

0.35
红/绿

2.5
红/蓝

XB3*1V
0.35
灰/红

2.5
红/蓝

XB4*1V
0.35
灰/红

0.35
灰/黄

0.35
棕

0.35
红

10
S35*1B

5
A279*1B

5

2

4
A280*1B

A203*1B

驾驶员侧
车门开关组
S35

供电12V

接地   K-LIN-1

车窗升降器
电机及驾驶
员侧车门电
子控制装置
A279

供电12V   查询照明

接地   FAT-LIN

车窗升降器
电机及前乘
客侧车门电
子控制装置
A280

供电12V   查询照明   升降开关信号   接地

接地   BFT-LIN

遥控接
收器
A203

供电12V

K-CAN7-H   K-CAN7-L   接地

11
S35*1B

4

6

A279*1B

6
A280*1B

1

5   6   1   A203*1B

0.35
白/棕

2.5
棕

0.35
白/蓝

2.5
棕

0.35
白/蓝

0.35
灰/红   0.35
灰/黑

16
X28*1B

27
X140*1V

X550*1V

X212*2V   X212*1V

X28*1B

X5*1B

0.35
白/棕

0.35
白/蓝

0.35
白/紫

0.35
棕/黑

X117*1V

X1432*1V

X47*1V

X57*1V

Z10*32B

14   A258*6B

40   39   A258*BB

42   A258*4B

13

K-LIN-1   FAT-LIN   接地   BFT-LIN   K-CAN7-H   K-CAN7-L

主域控制器
BDC(A258)

0.35
棕

Z10*5B

Z10*4B

图 9-8

073

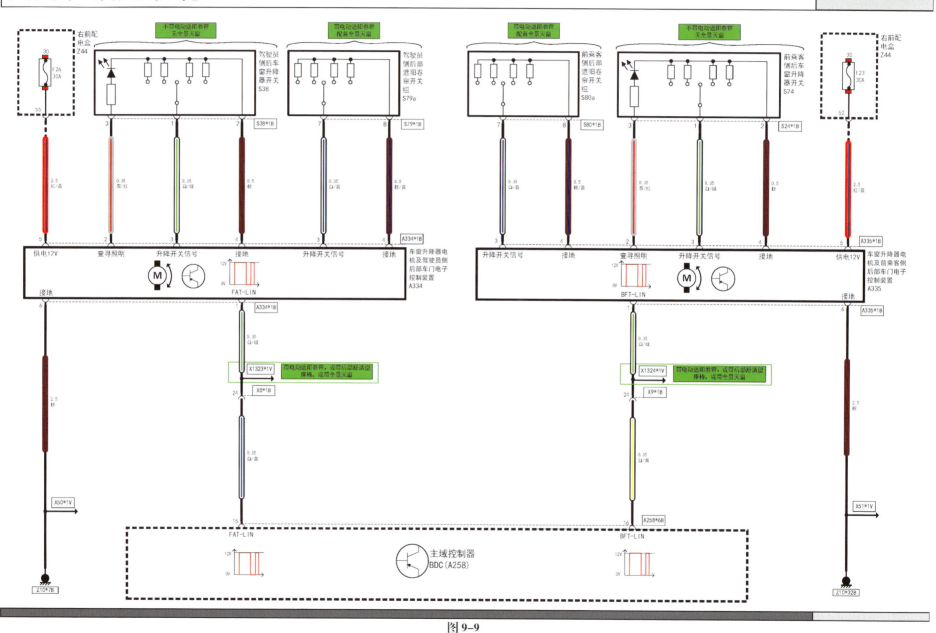

图 9-9

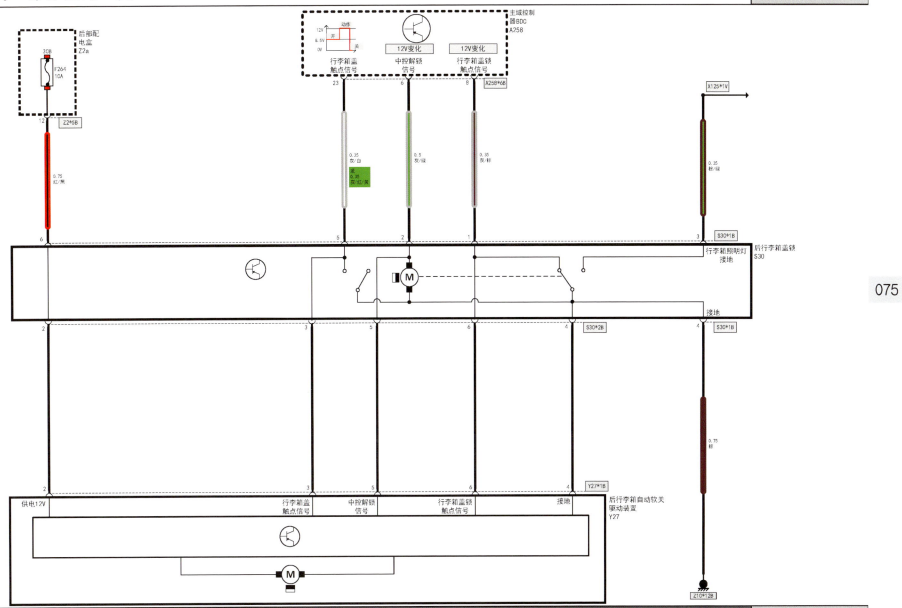

主域控制器BDC A258

12V 动作
8.5V 开
0V 关

12V变化   12V变化

行李箱盖触点信号   中控解锁信号   行李箱盖锁触点信号

后部配电盒 Z2a

F264 10A

行李箱照明灯接地   后行李箱盖锁 S30

接地

供电12V   行李箱盖触点信号   中控解锁信号   行李箱盖锁触点信号   接地   后行李箱自动软关驱动装置 Y27

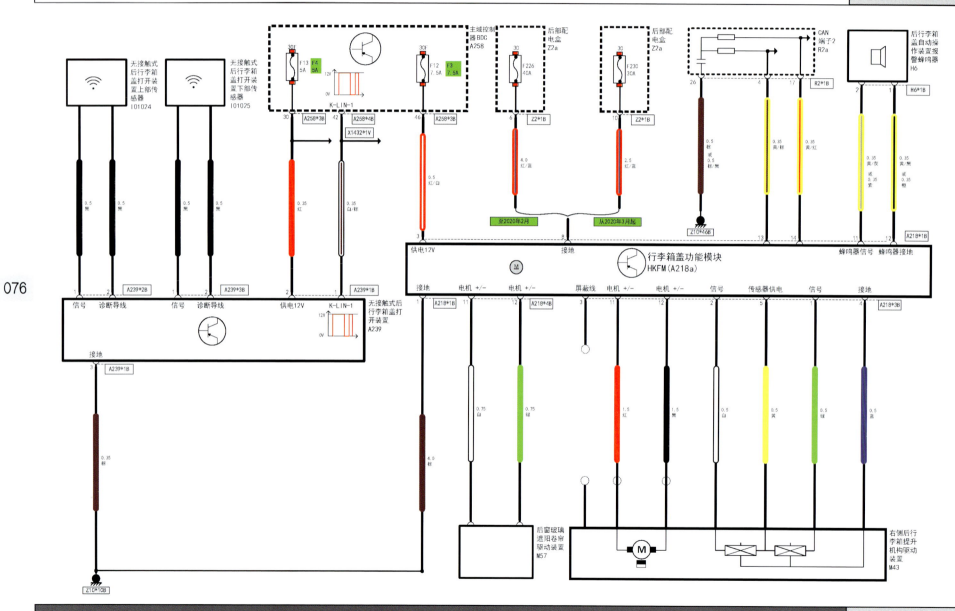

图 9-11

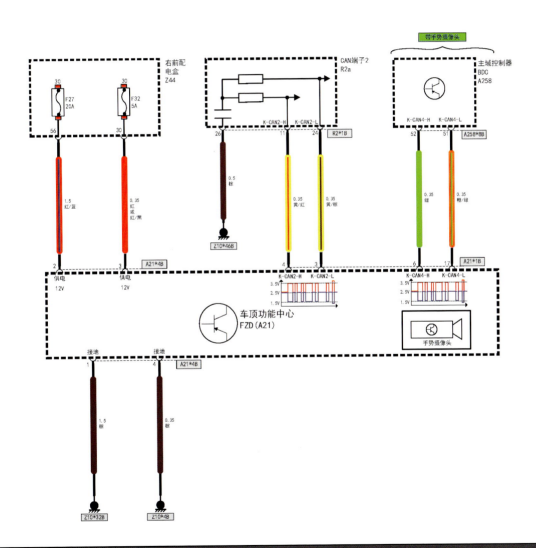

图 9-12

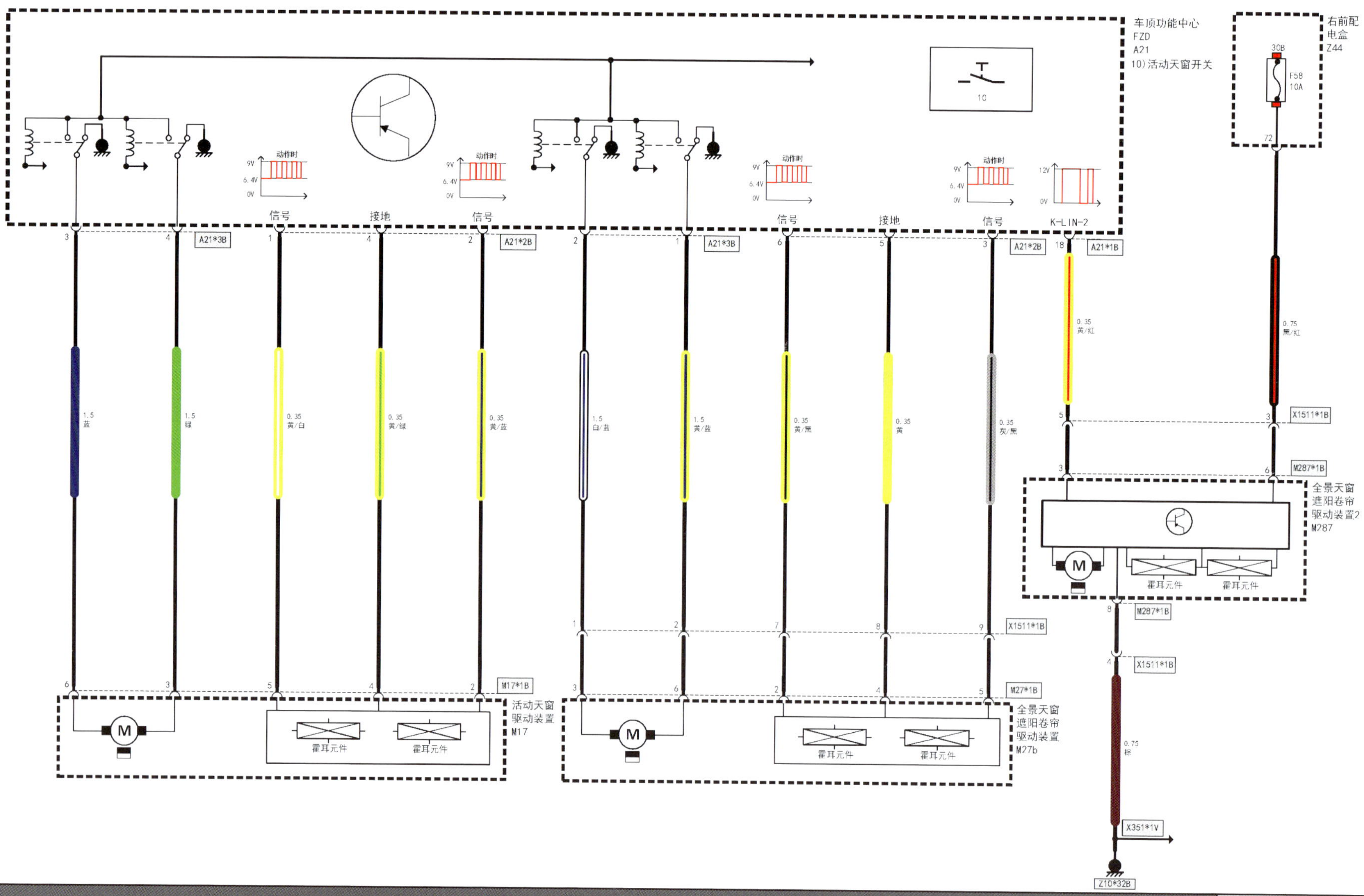
车顶功能中心
FZD
A21
10) 活动天窗开关
右前配电盒
Z44
30B
F58
10A
72
动作时
9V
6.4V
0V
12V
信号
接地
信号
信号
接地
信号
K-LIN-2
A21*3B
A21*2B
A21*3B
A21*2B
A21*1B
1.5
蓝
1.5
绿
0.35
黄/白
0.35
黄/绿
0.35
黄/蓝
1.5
白/蓝
1.5
黄/蓝
0.35
黄/黑
0.35
黄
0.35
灰/黑
0.35
黄/红
0.75
黑/红
X1511*1B
M287*1B
全景天窗
遮阳卷帘
驱动装置2
M287
M
霍耳元件
霍耳元件
M287*1B
X1511*1B
M17*1B
活动天窗
驱动装置
M17
M27*1B
全景天窗
遮阳卷帘
驱动装置
M27b
0.75
棕
X351*1V
Z10*32B

图 9-13

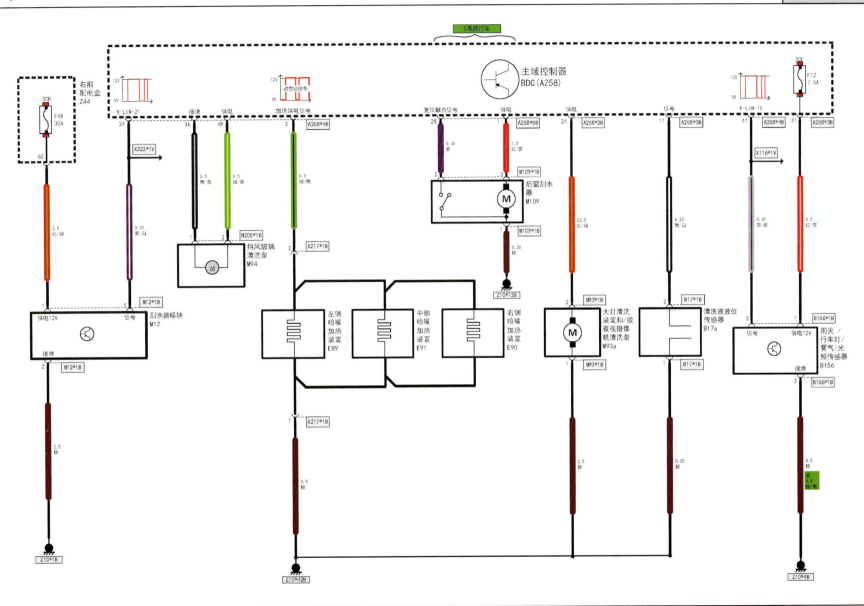

图 9-14

080

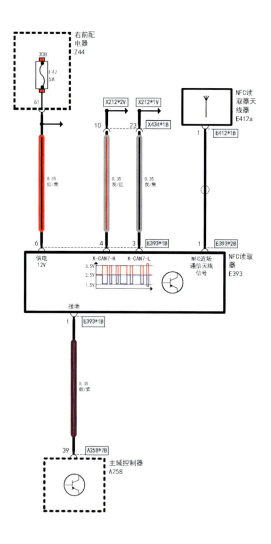

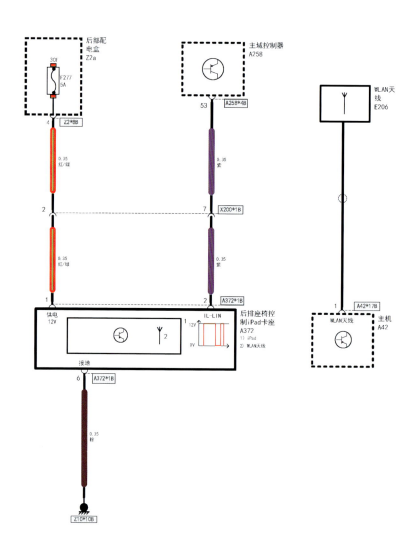

图 9-15

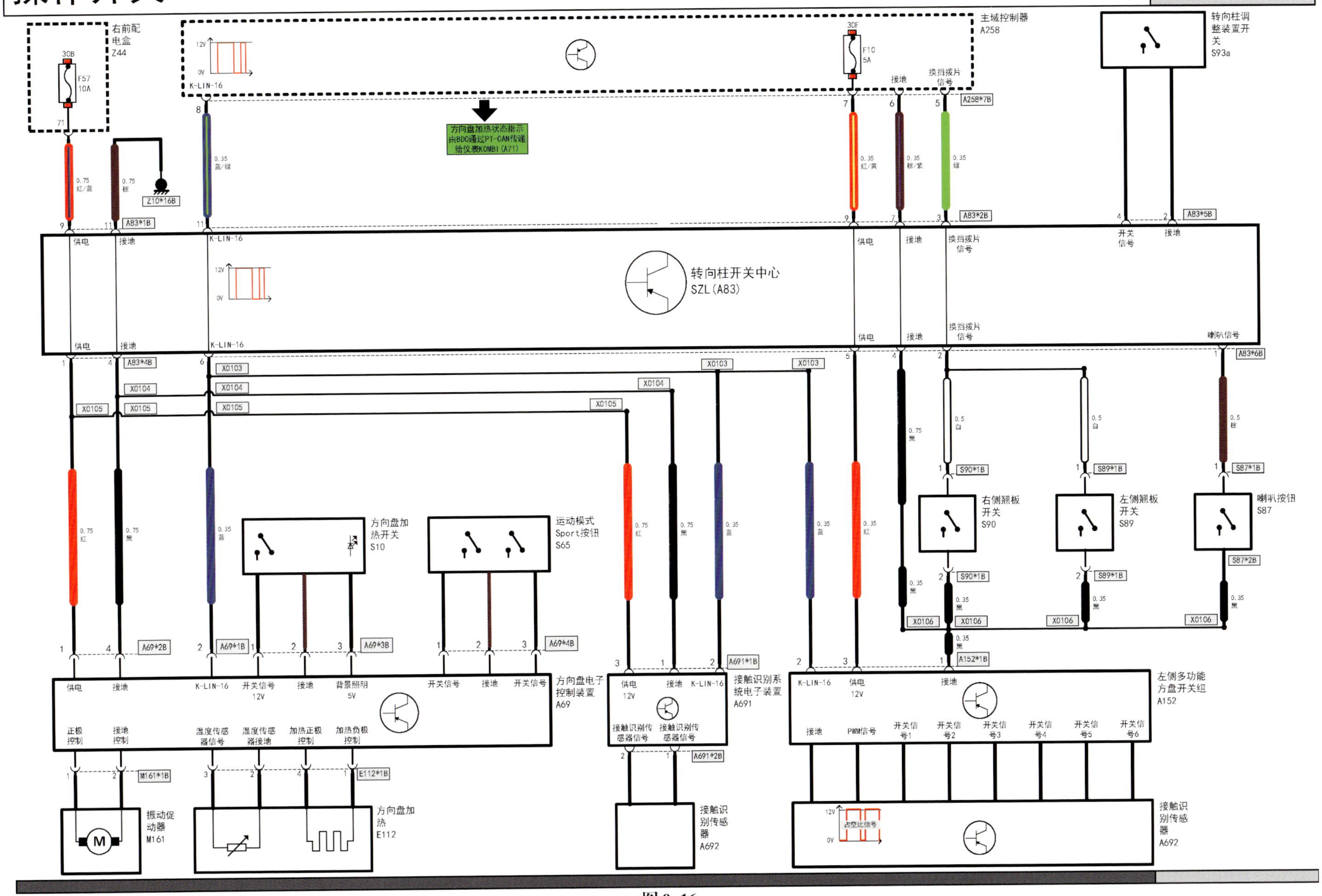

图 9-16

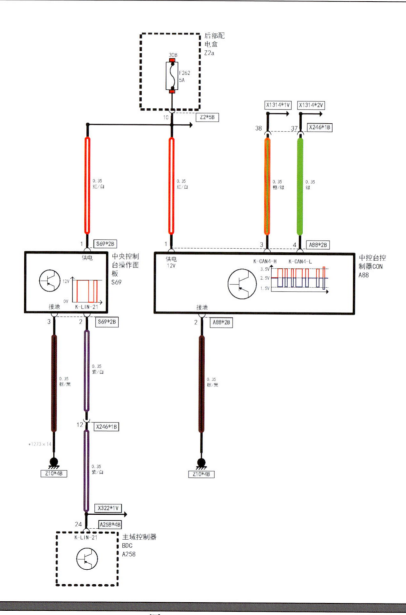

图 9-17

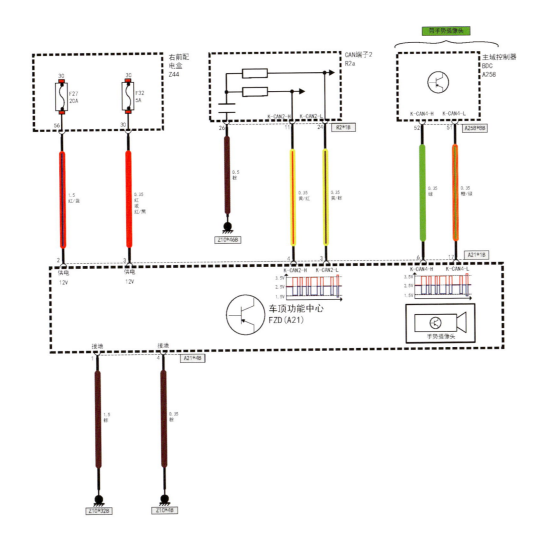

083

图 9-18

084

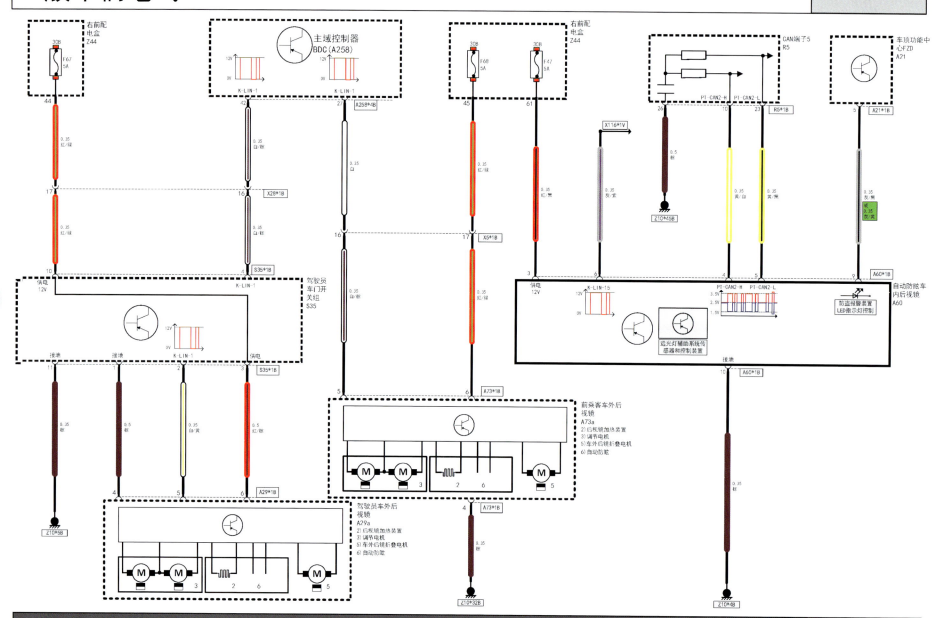

图 9-19

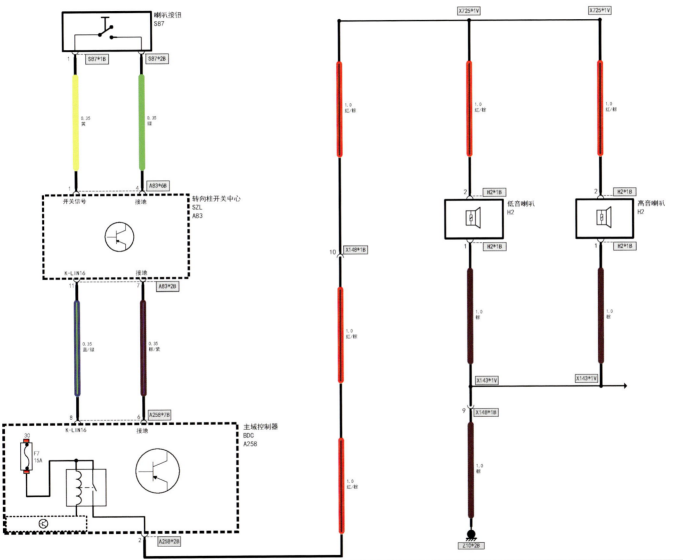

喇叭按钮
S87

S87*1B

S87*2B

0.35
黄

0.35
绿

A83*6B

开关信号   接地

转向柱开关中心
SZL
A83

K-LIN16   接地

A83*2B

0.35
蓝/绿

0.35
棕/紫

A258*7B

K-LIN16   接地

主域控制器
BDC
A258

30

F7
15A

A258*2B

X725*1V   X725*1V

1.0
红/棕

1.0
红/棕

1.0
红/棕

H2*1B   H2*1B

低音喇叭
H2

高音喇叭
H2

X148*1B

H2*1B   H2*1B

1.0
红/棕

1.0
棕

1.0
棕

X143*1V   X143*1V

X148*1B

1.0
红/棕

1.0
棕

Z10*2B

图 9-20

086

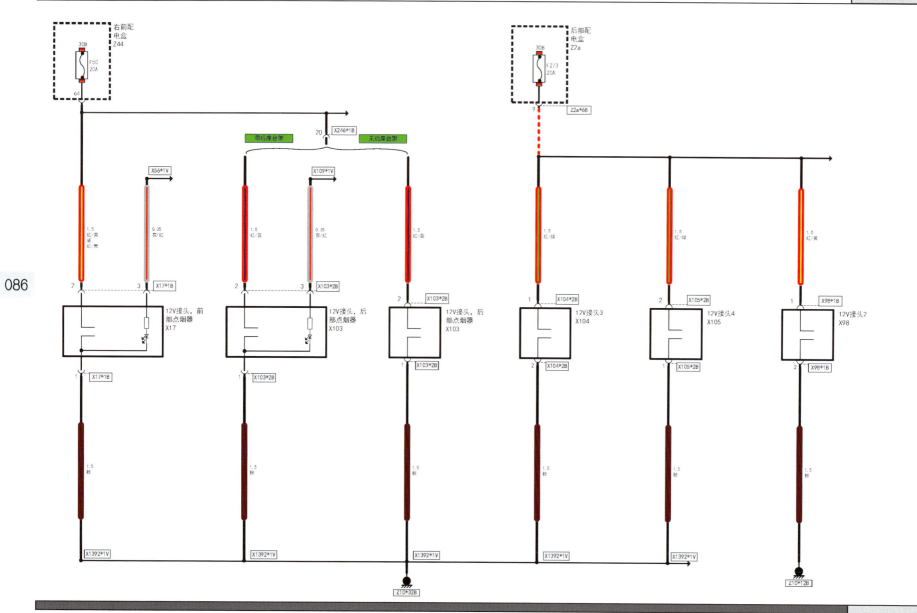

图 9-21

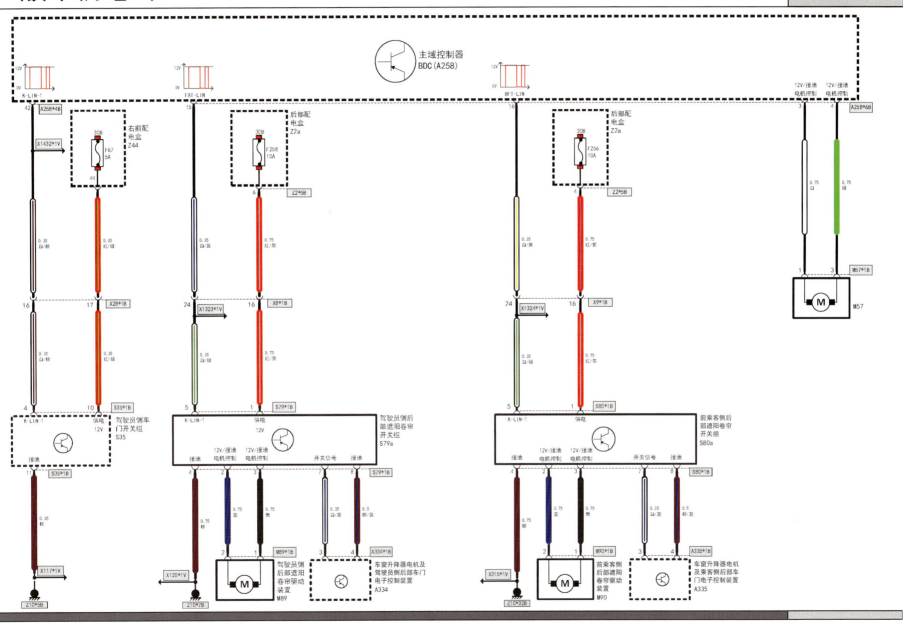

图 9-22

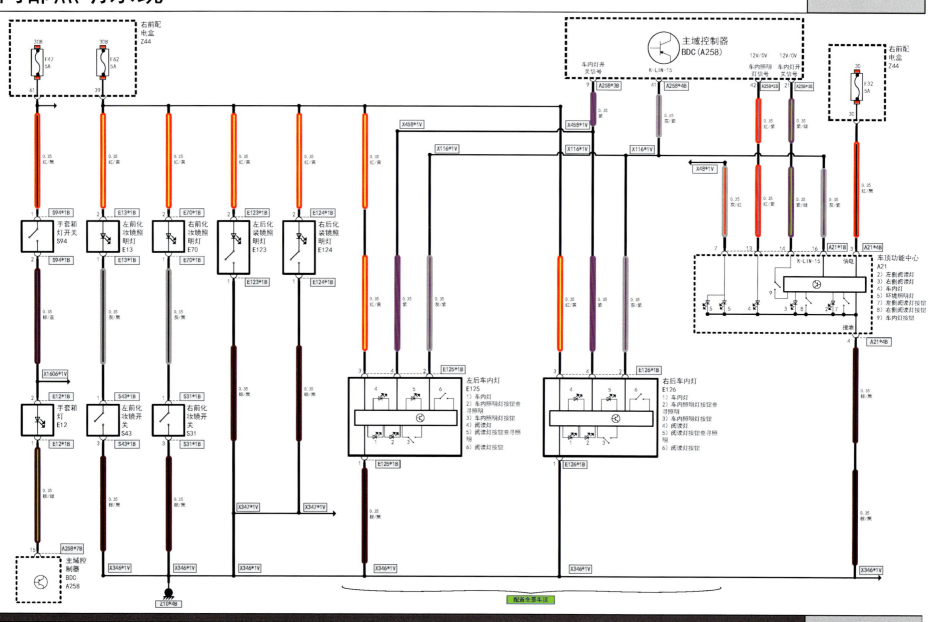

088

图 9-23

内部照明系统——车内照明灯(2/3)（图9-24）

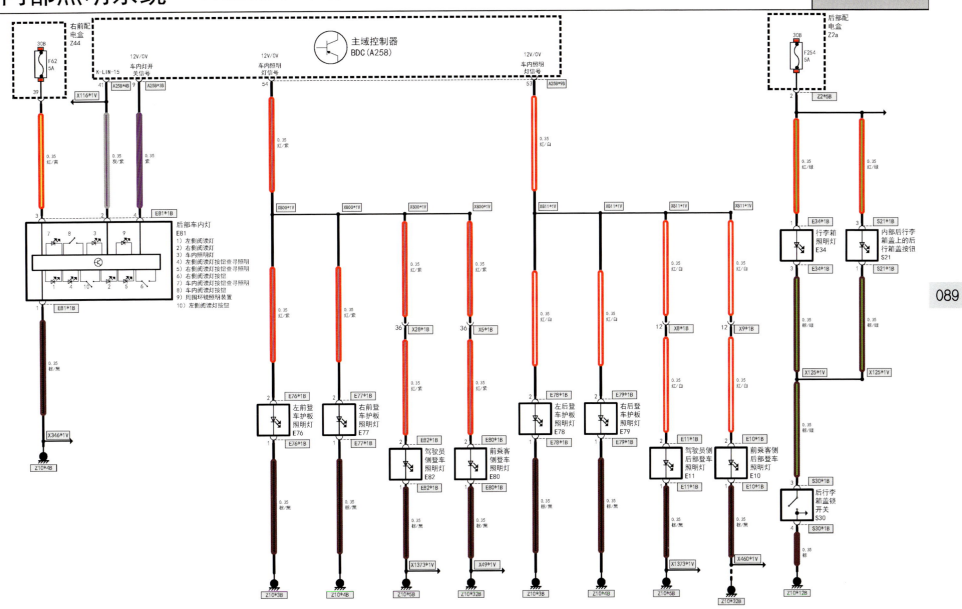

图 9-24

089

主域控制器
BDC(A258)

12V/0V
车内照明
灯信号
54

12V/0V
车内照明
灯信号
53   A258*9B

090

0.35
红/紫

0.35
红/白

X800*1V   X800*1V   X800*1V   X800*1V

XB11*1V   XB11*1V   XB11*1V   XB11*1V   XB11*1V   XB11*1V

0.35
红/紫

0.35
红/紫

0.35
红/紫

0.35
红/紫

0.35
红/白

0.35
红/白

0.35
红/白

0.35
红/白

0.35
红/白

0.35
红/白

0.35
红/紫

0.35
红/紫

36 X28*1B

36 X5*1B

12 X8*1B

12 X9*1B

0.35
红/紫

0.35
红/紫

0.35
红/白

0.35
红/白

2 E76*1B

2 E77*1B

2 E82*1B

2 E80*1B

2 E38*1B

2 E39*1B

2 E78*1B

2 E79*1B

2 E11*1B

2 E10*1B

2 E32*2B

2 E44*2B

左前登
车护板
照明灯
E76

右前登
车护板
照明灯
E77

左前脚
部空间
照明灯
E38

右前脚
部空间
照明灯
E39

左后登
车护板
照明灯
E78

右后登
车护板
照明灯
E79

乘客侧后方
脚部空间照
明灯
E32a

驾驶员侧后
方脚部空间
照明灯
E44a

1 E76*1B

1 E77*1B

1 E38*1B

1 E39*1B

1 E78*1B

1 E79*1B

1 E32*2B

1 E44*2B

2 E82*1B

2 E80*1B

2 E11*1B

2 E10*1B

驾驶员
侧登车
照明灯
E82

前乘客
侧登车
照明灯
E80

驾驶员侧
后部登车
照明灯
E11

前乘客侧
后部登车
照明灯
E10

1 E82*1B

1 E80*1B

1 E11*1B

1 E10*1B

0.35
棕/黑

0.35
棕/黑

0.35
棕/黑

0.35
棕/黑

0.35
棕/黑

0.35
棕/黑

0.35
棕/黑

0.35
棕/黑

0.35
棕/黑

0.35
棕/黑

0.35
棕/黑

0.35
棕/黑

X1373*1V   X49*1V

X1373*1V   X49*1V

X724*1V   X723*1V

Z10*3B   Z10*4B   Z10*5B   Z10*32B

Z10*5B   Z10*32B

Z10*3B   Z10*4B   Z10*5B   Z10*32B

Z10*32B   Z10*5B

脚部空间照明

脚部空间照明

图 9-25

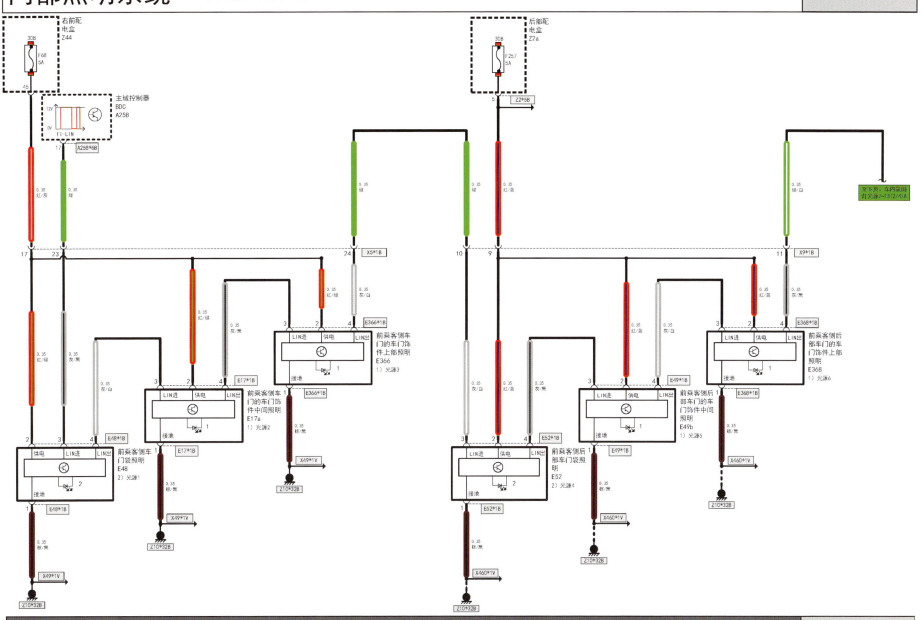

图 9-26

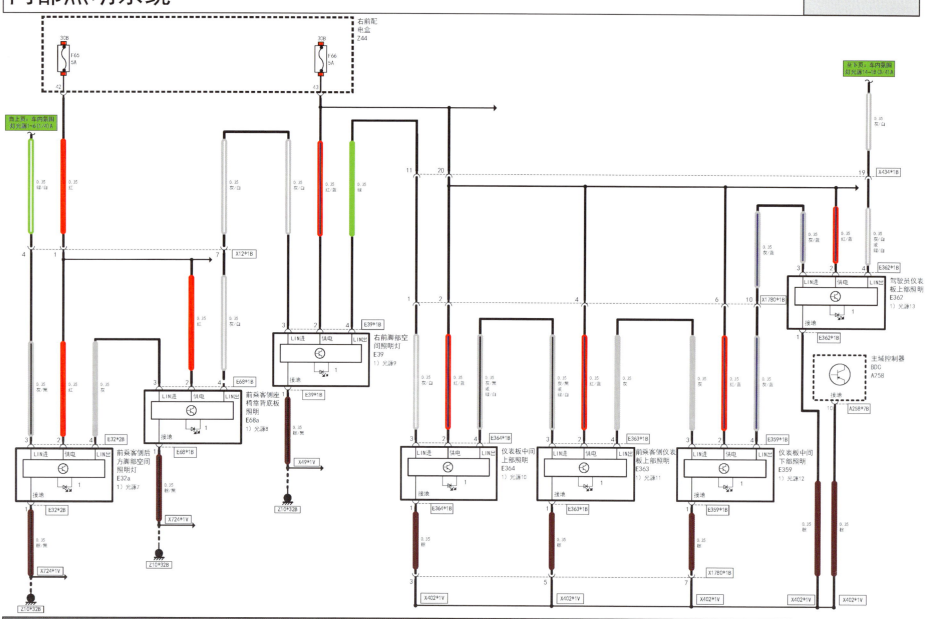

092

图 **9-27**

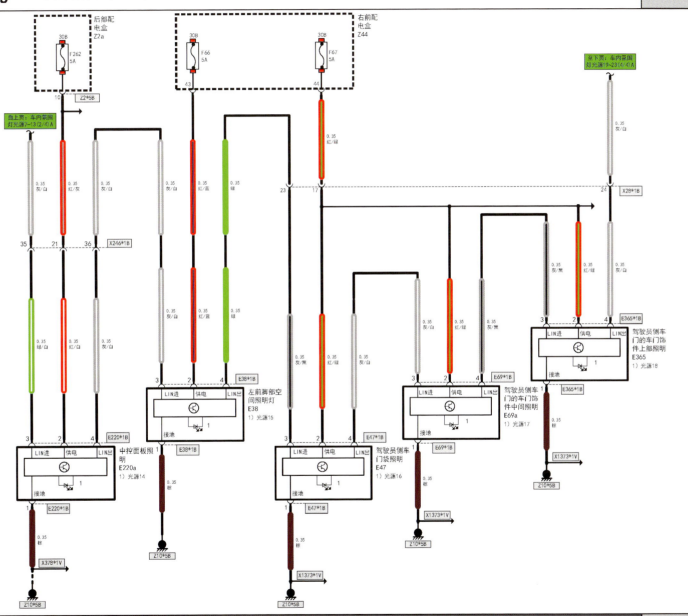

图 9-28

093

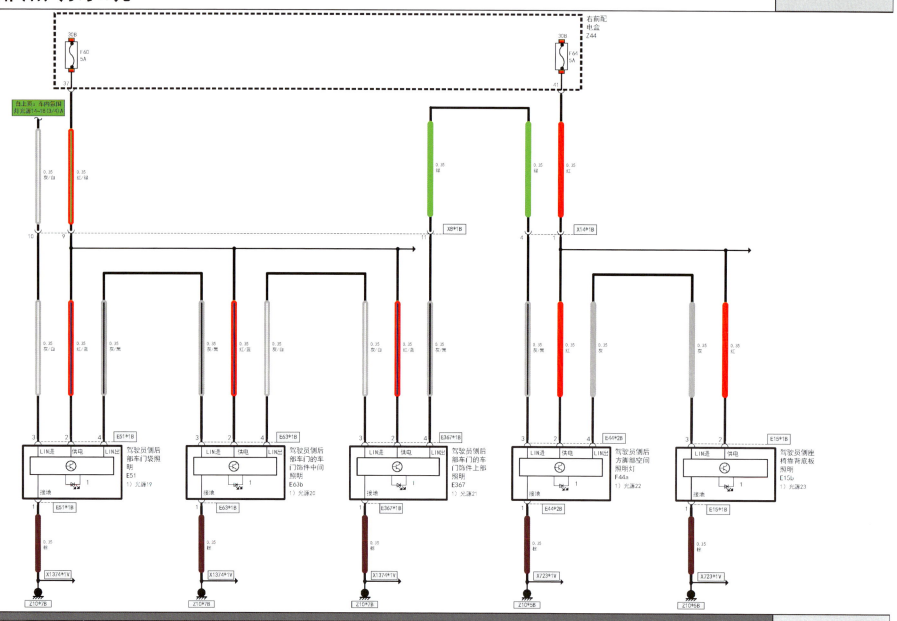

094

图 9-29

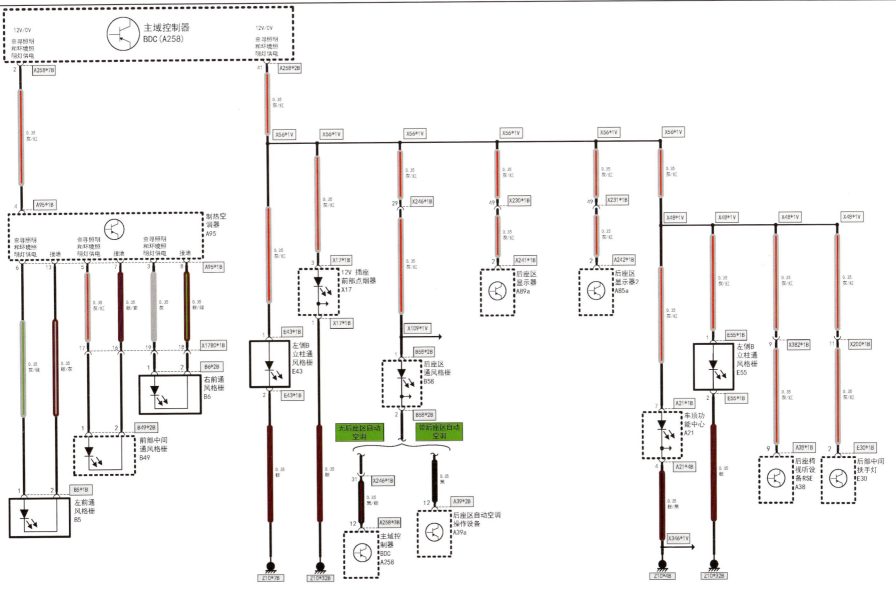

图 9-30

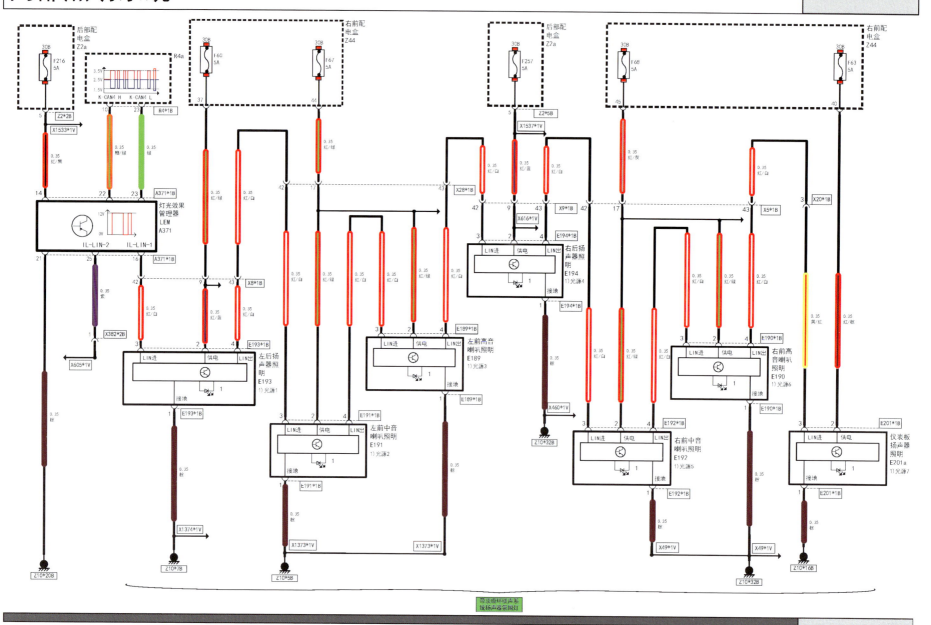

096

图 9-31

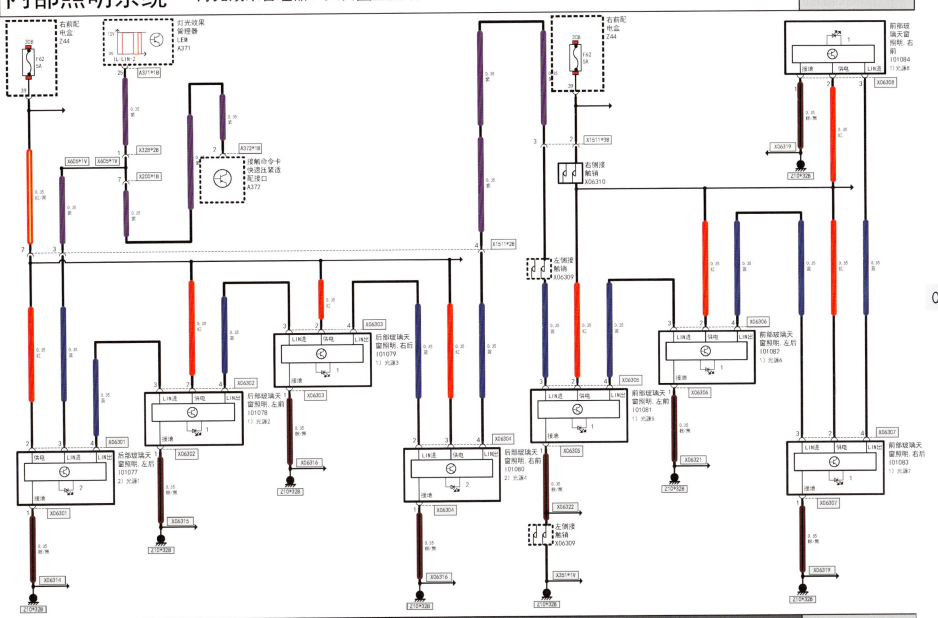

图 9-32

098

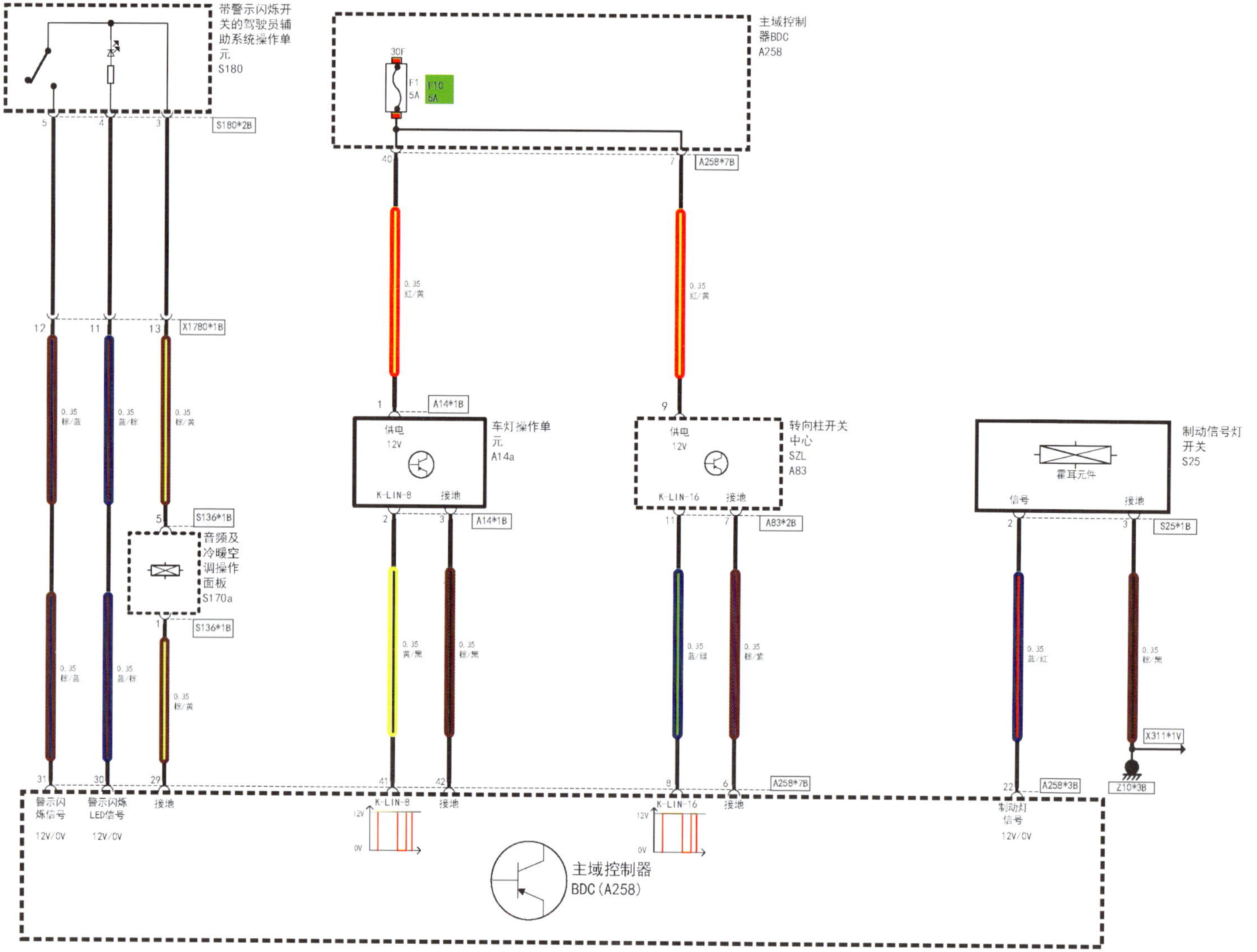

图 **9-33**

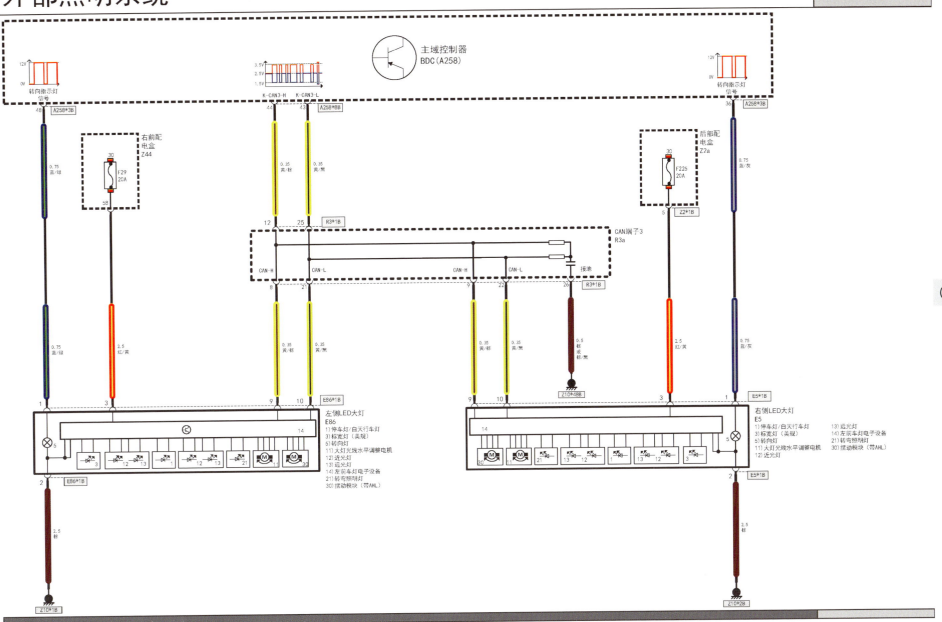

主域控制器
BDC（A258）

12V
0V
转向指示灯
信号

3.5V
2.5V
1.5V
K-CAN3-H K-CAN3-L

12V
0V
转向指示灯
信号

48 A258*3B
44 43 A258*8B
36 A258*3B

右前配
电盒
Z44

30
F29
20A
58

0.75
蓝/绿

0.35
黄/棕

0.35
黄/黑

后部配
电盒
Z2a

30
F225
20A
5

0.75
蓝/灰

12 25 R3*1B
5 Z2*1B

CAN端子3
R3a

CAN-H CAN-L CAN-H CAN-L 接地

8 21 9 22 26 R3*1B

0.75
蓝/绿

2.5
红/黄

0.35
黄/棕

0.35
黄/黑

0.35
黄/棕

0.35
黄/黑

0.5
棕
或
棕/黑

2.5
红/黄

0.75
蓝/灰

1 3 9 10 E86*1B
Z10*4B
9 10 26
3 1 E5*1B

左侧LED大灯
E86
1) 停车灯/白天行车灯
3) 标宽灯（美规）
5) 转向灯
11) 大灯光线水平调整电机
12) 近光灯
13) 远光灯
14) 左前车灯电子设备
21) 转弯照明灯
30) 摆动模块（带AHL）

5
3 12 13 12 13 21 11 30
14

右侧LED大灯
E5
1) 停车灯/白天行车灯   13) 远光灯
3) 标宽灯（美规）   14) 左前车灯电子设备
5) 转向灯   21) 转弯照明灯
11) 大灯光线水平调整电机 30) 摆动模块（带AHL）
12) 近光灯

14
30 11 21 13 13 12 13 12 3

2 E86*1B
2 E5*1B

2.5
棕

2.5
棕

Z10*1B
Z10*2B

099

图 9-34

100

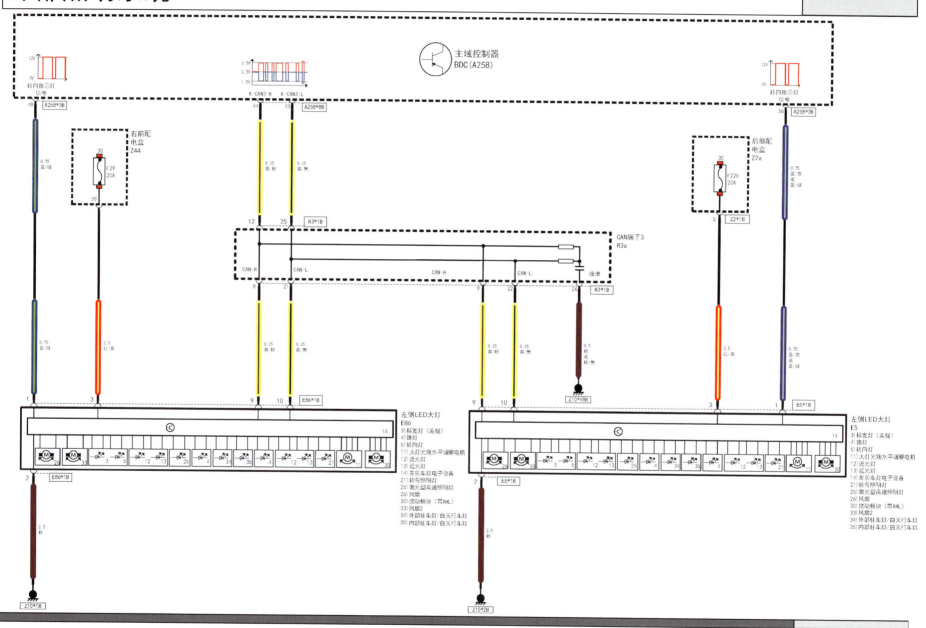

图9-35

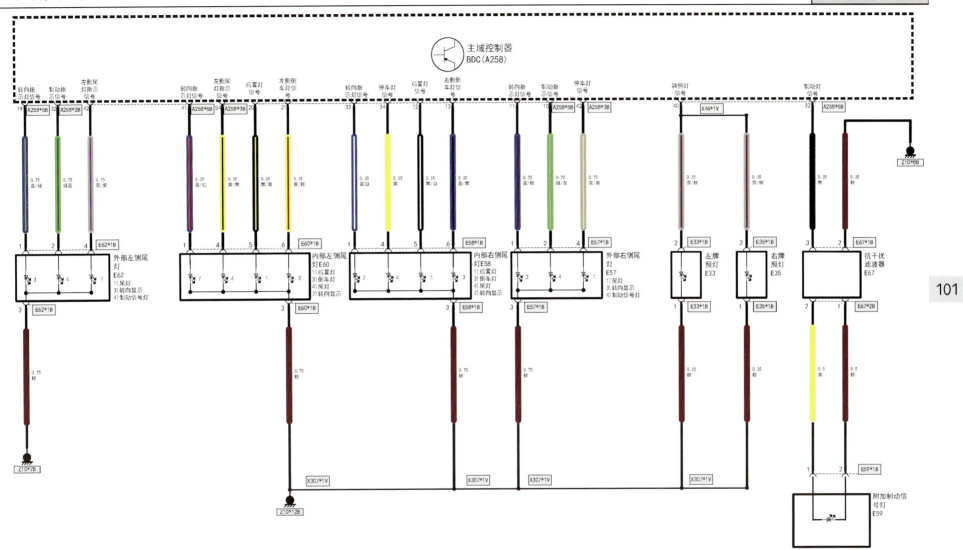

主域控制器
BDC（A258）

外部左侧尾灯 E62
1) 尾灯
3) 转向显示
4) 制动信号灯

内部左侧尾灯 E60
1) 后雾灯
3) 倒车灯
4) 尾灯
7) 转向显示

内部右侧尾灯 E58
1) 后雾灯
3) 倒车灯
4) 尾灯
7) 转向显示

外部右侧尾灯 E57
1) 尾灯
3) 转向显示
4) 制动信号灯

左牌照灯 E33

右牌照灯 E35

抗干扰滤波器 E67

附加制动信号灯 E59

图 9-36

101

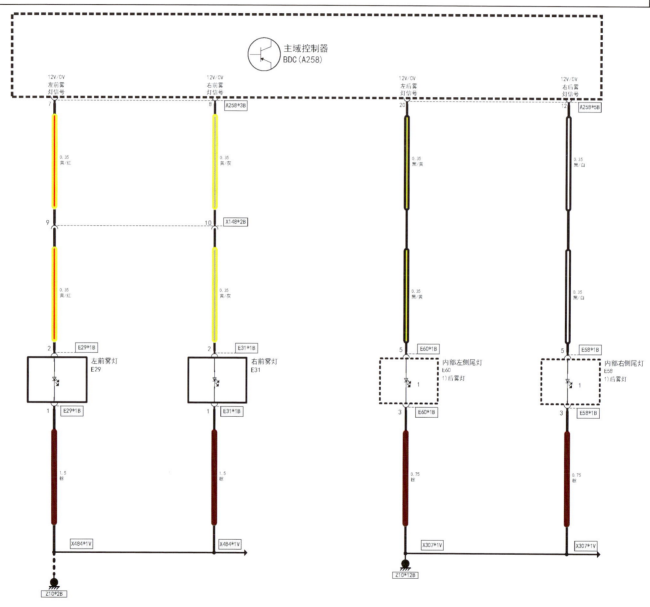

主域控制器
BDC（A258）

12V/0V
左前雾
灯信号

12V/0V
右前雾
灯信号

12V/0V
左后雾
灯信号

12V/0V
右后雾
灯信号

7

8   A258*3B

20

12   A258*5B

0.35
黄/红

0.35
黄/灰

0.35
黑/黄

0.35
黑/白

9

10   X148*2B

0.35
黄/红

0.35
黄/灰

0.35
黑/黄

0.35
黑/白

2   E29*1B

2   E31*1B

5   E60*1B

5   E58*1B

左前雾灯
E29

右前雾灯
E31

内部左侧尾灯
E60
1)后雾灯

内部右侧尾灯
E58
1)后雾灯

1   E29*1B

1   E31*1B

3   E60*1B

3   E58*1B

1.5
棕

1.5
棕

0.75
棕

0.75
棕

X484*1V

X484*1V

X307*1V

X307*1V

Z10*2B

Z10*12B

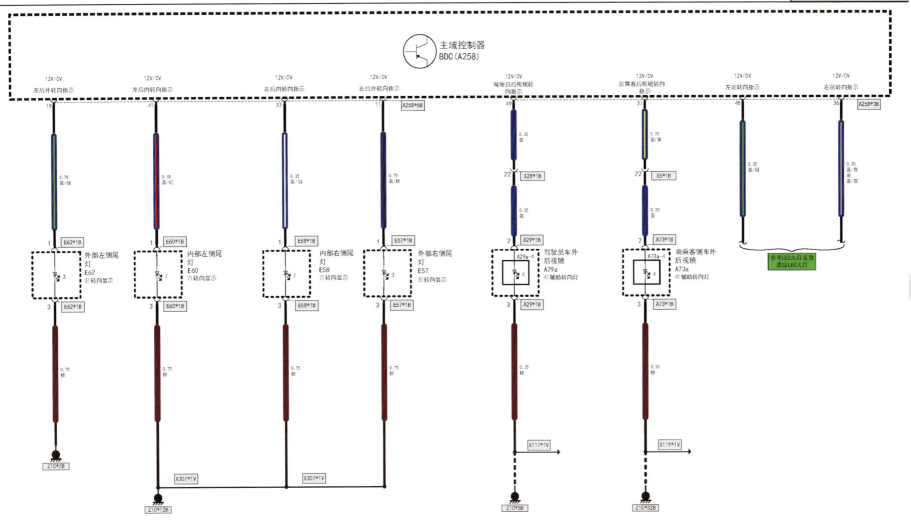

图 9-38

103

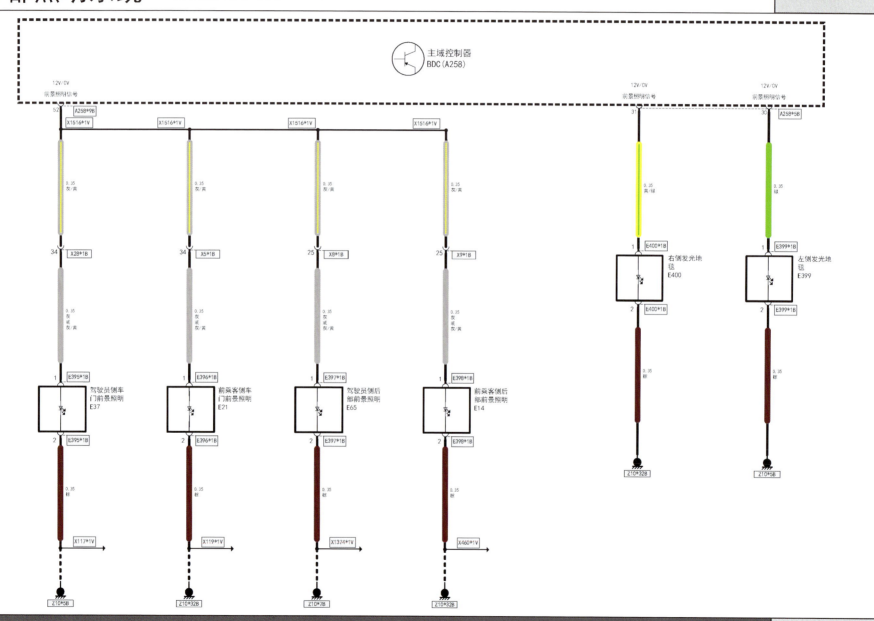

图 9-39

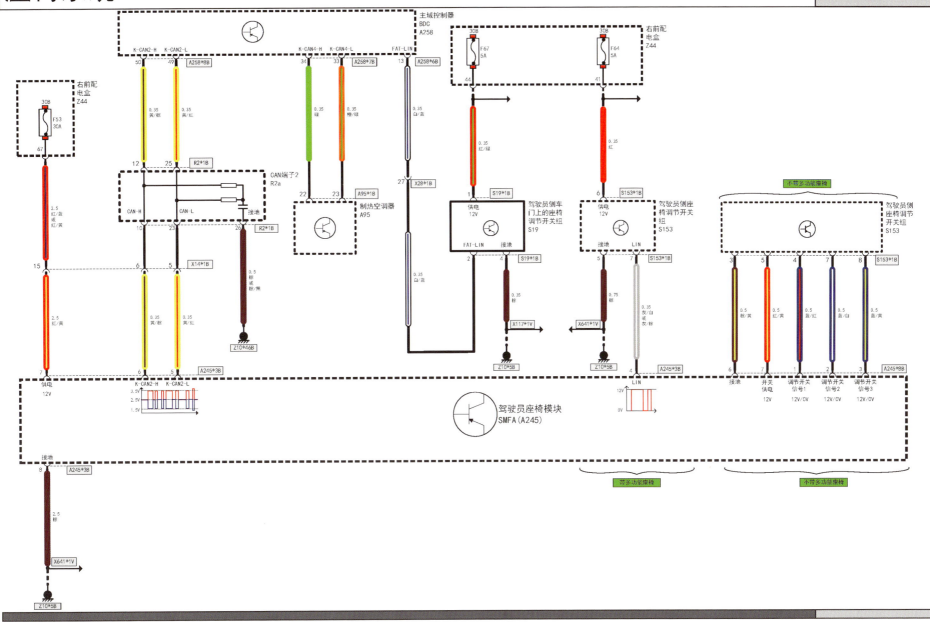

图 9-40

靠背倾斜度调整电机 M213
1) 调整电机
2) 记忆功能霍耳传感器

坐垫倾斜度调整电机 M221
1) 调整电机
2) 记忆功能霍耳传感器

座椅高度调整电机 M223
1) 调整电机
2) 记忆功能霍耳传感器

座椅纵向调整电机 M227
1) 调整电机
2) 记忆功能霍耳传感器

座椅头枕高度调整电机 M56
1) 调整电机
2) 记忆功能霍耳传感器

M213*1B   M221*1B   M223*1B   M227*1B   M209*1B

A245*1B   A245*2B   A245*1B

电机驱动 12V/0V   电机驱动 12V/0V   信号地   传感器信号

驾驶员座椅模块 SMFA（A245）

A245*2B   A245*1B   M217*2B   M217*1B

106

座椅深度调整驱动装置 M229
座椅头枕调整驱动装置 M46
1) 调整电机
2) 记忆功能霍耳传感器

座椅靠背宽度调整驱动装置2 M73a
1) 调整电机
2) 记忆功能霍耳传感器

座椅靠背宽度调整驱动装置 M73
1) 调整电机
2) 记忆功能霍耳传感器

M229*1B   M211*1B   M54

带多功能座椅

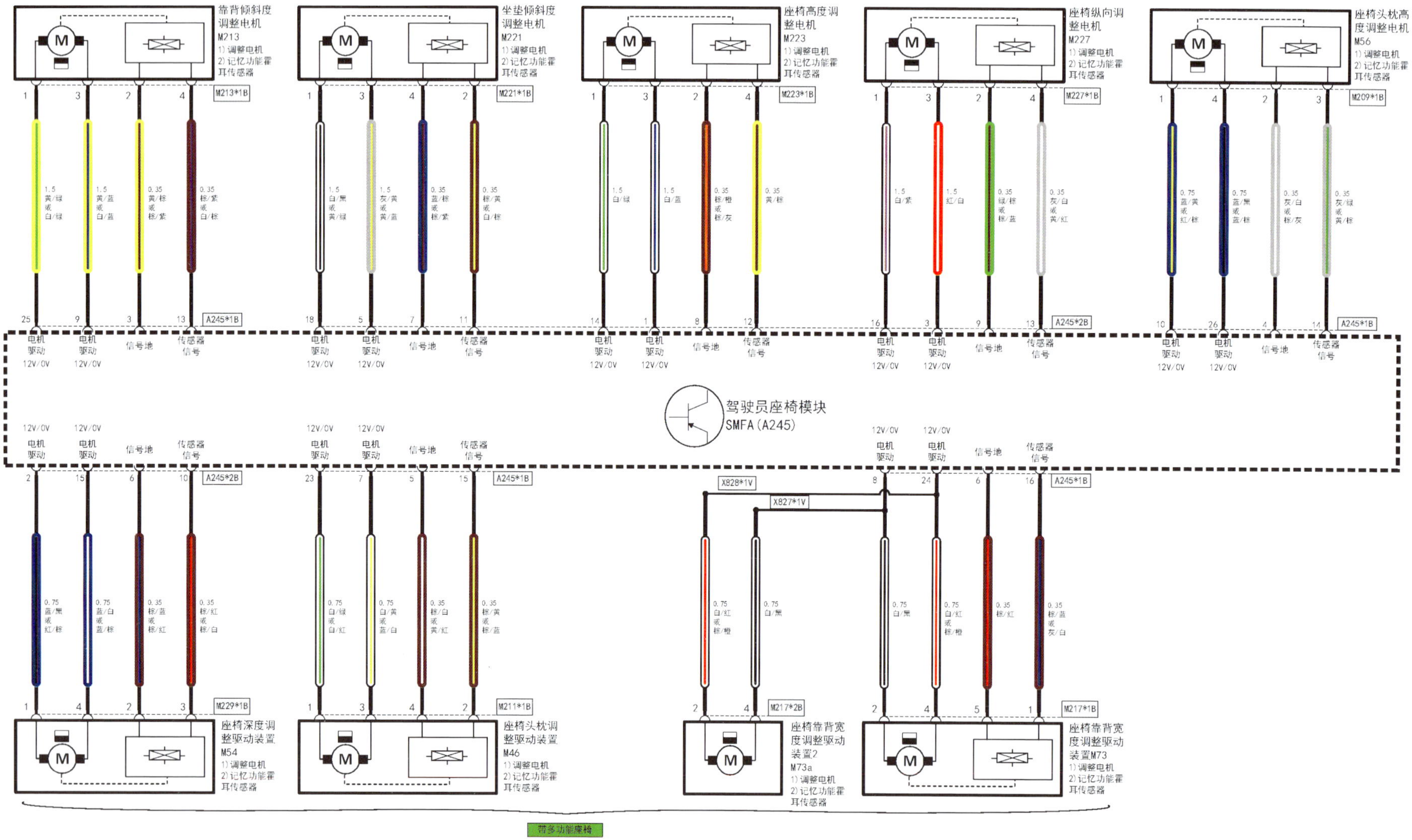

图 9-41

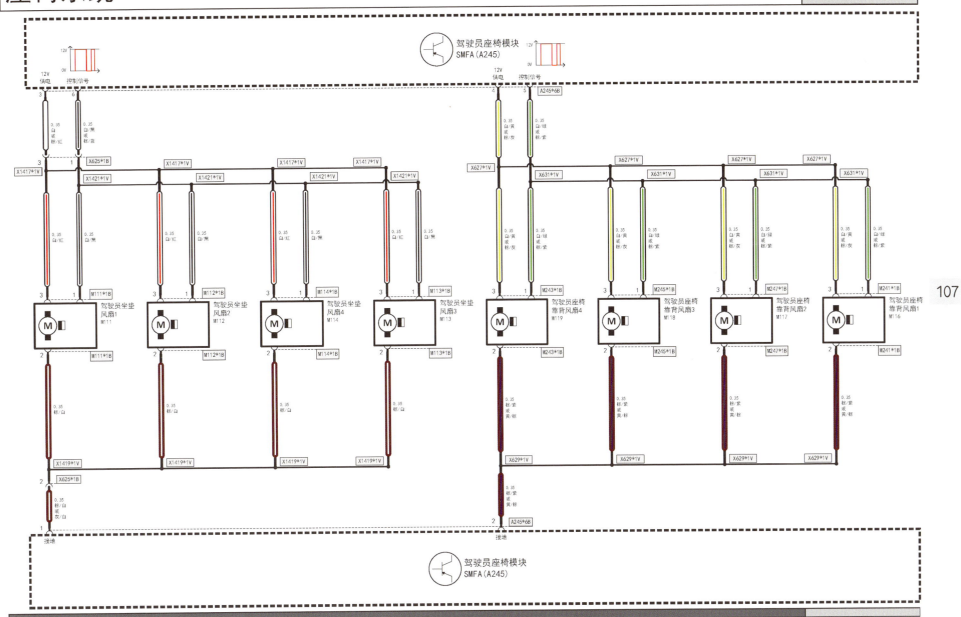

驾驶员座椅模块
SMFA（A245）

驾驶员坐垫风扇1 M111
驾驶员坐垫风扇2 M112
驾驶员坐垫风扇4 M114
驾驶员坐垫风扇3 M113
驾驶员座椅靠背风扇4 M119
驾驶员座椅靠背风扇3 M118
驾驶员座椅靠背风扇2 M117
驾驶员座椅靠背风扇1 M116

接地

驾驶员座椅模块
SMFA（A245）

107

图 9-42

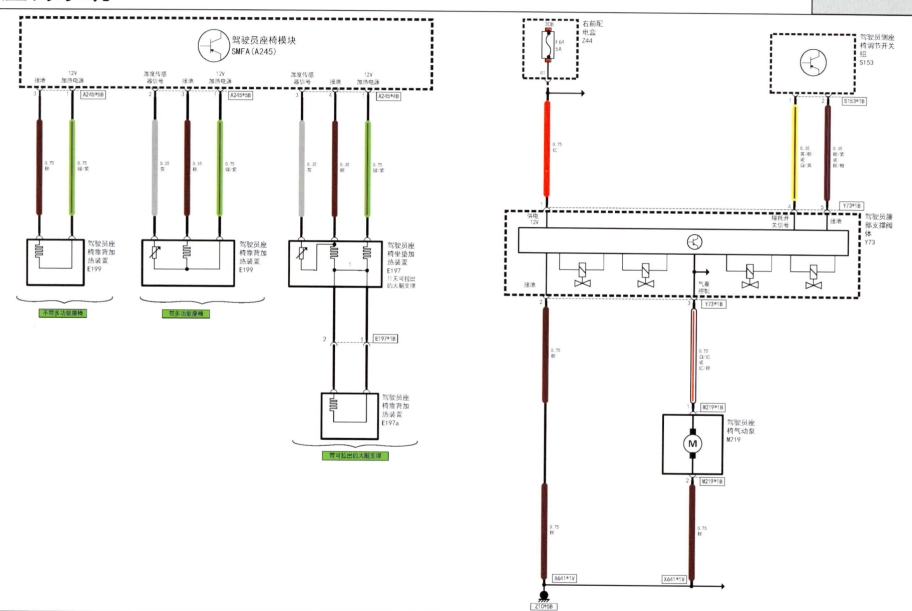

108

图 9-43

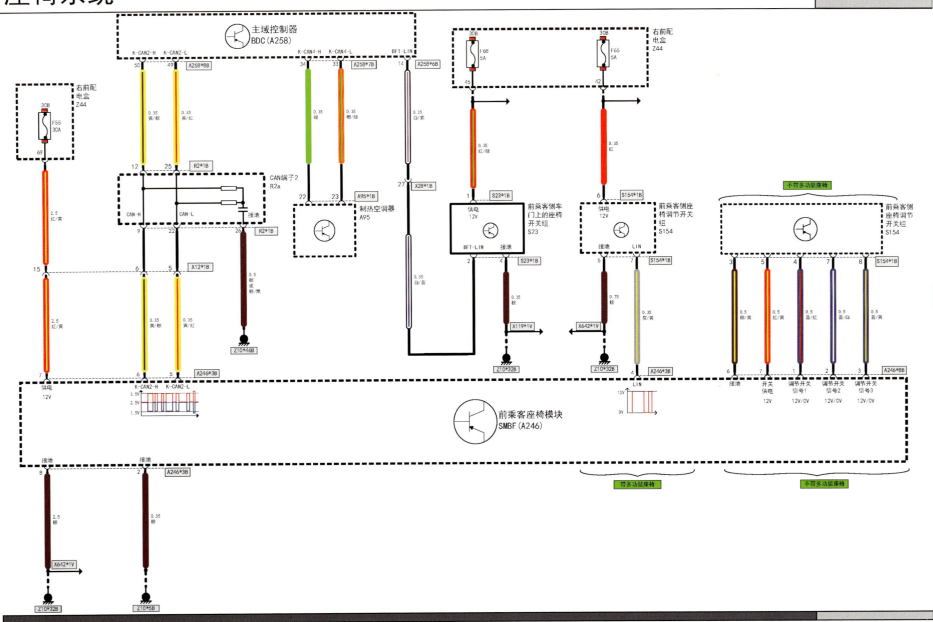

图 9-44

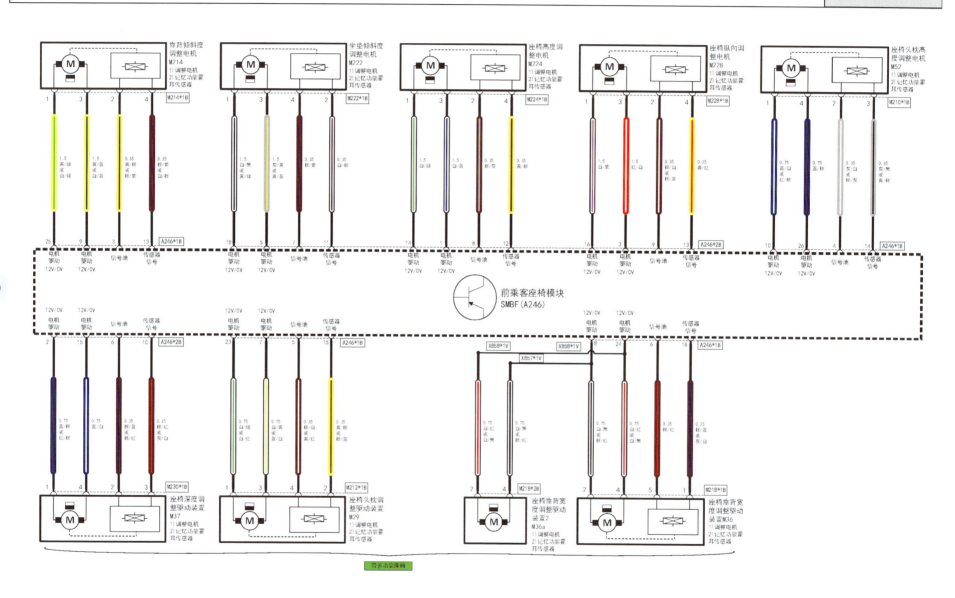

110

图 9-45

座椅系统——前乘客座椅：座椅通风（图 9-46）

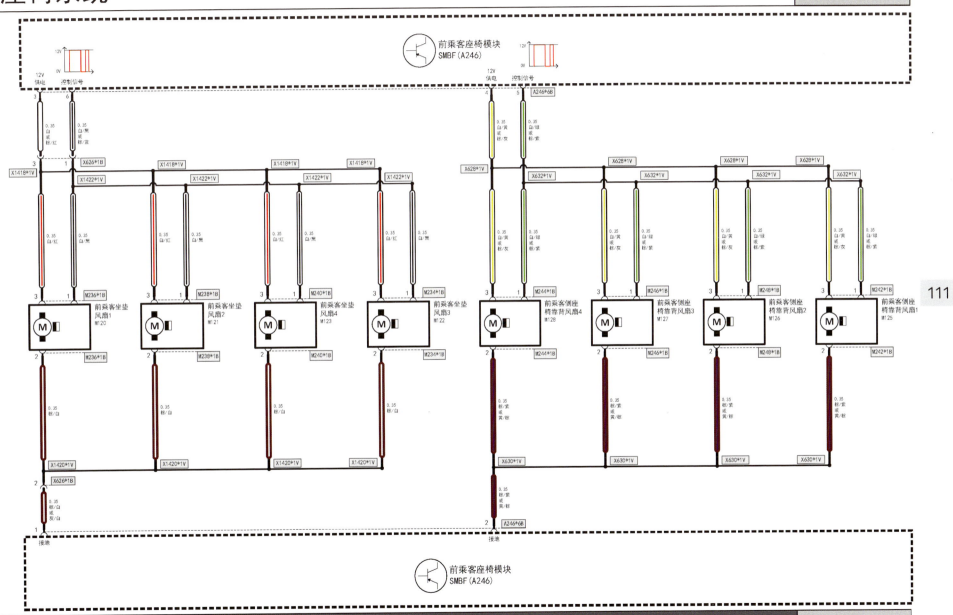

图 9-46

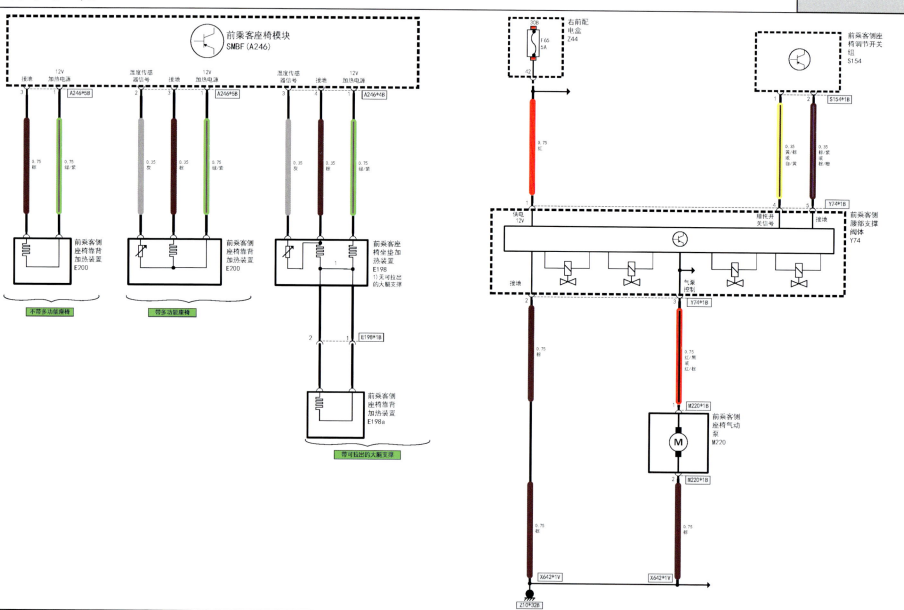

图 9-47

座椅系统——驾驶员侧后部座椅：供电/通信/开关组 （图9-48）

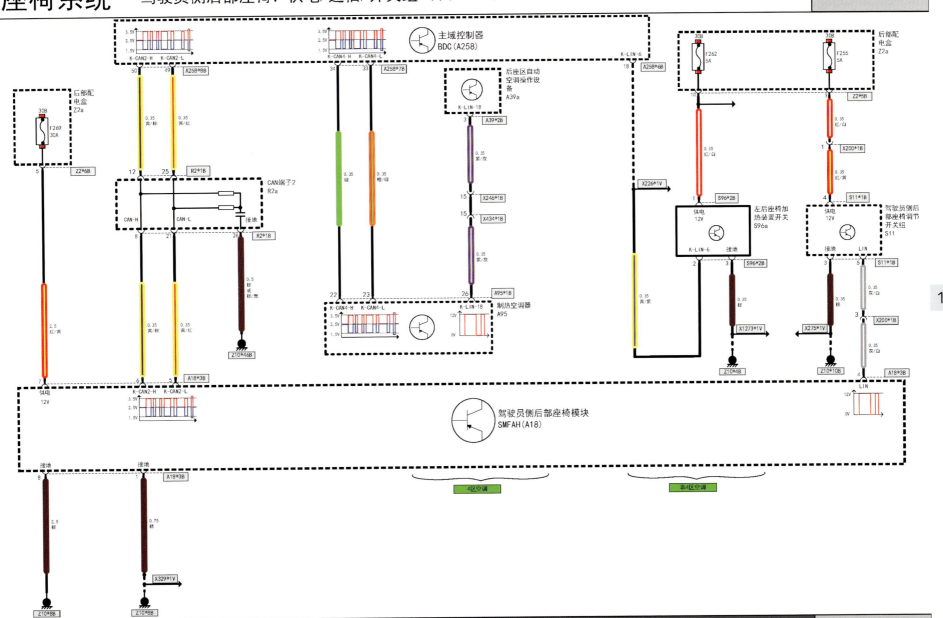

图 9-48

113

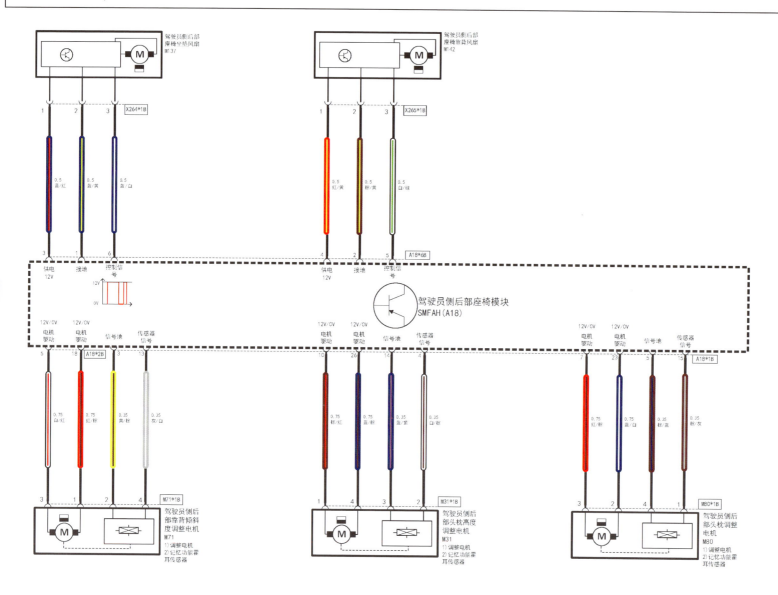

114

图 9-49

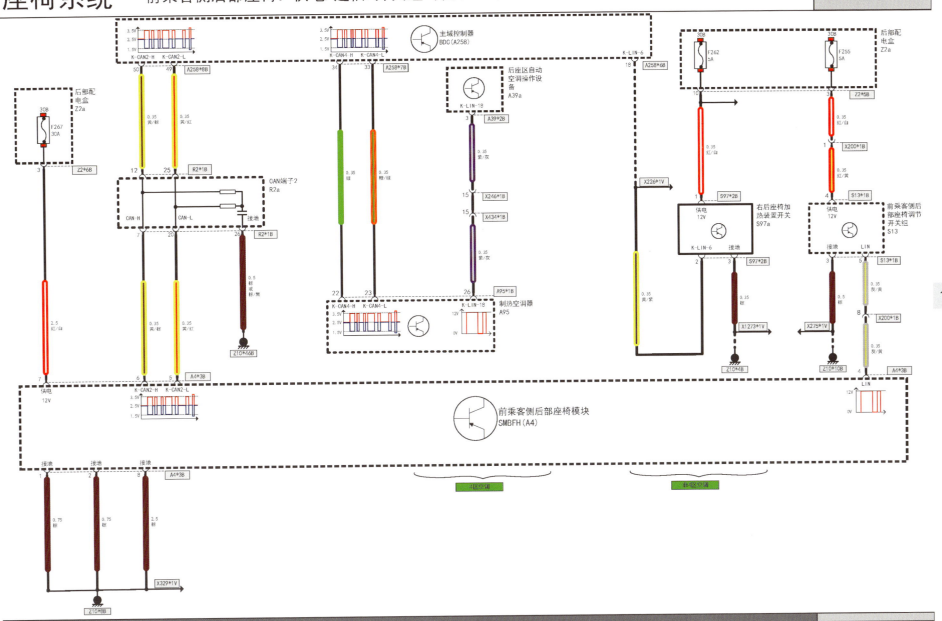

图 9-50

116

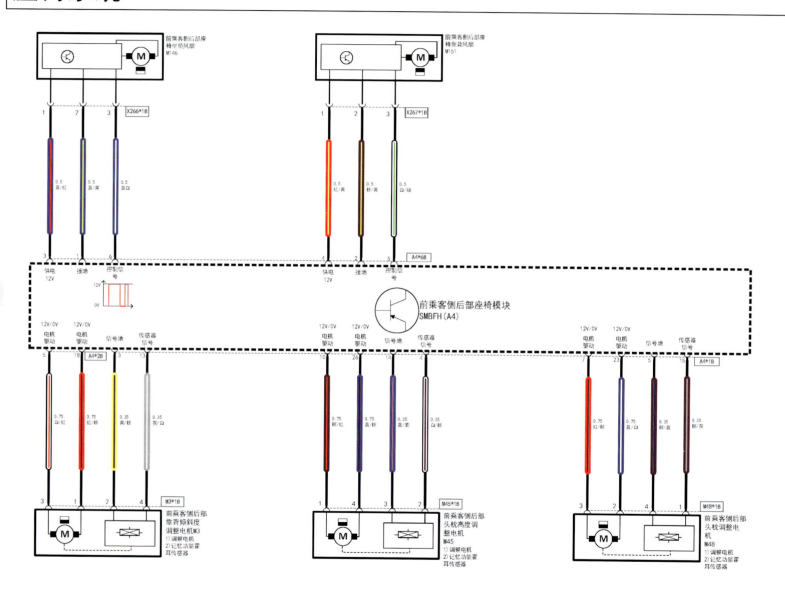

图9-51

117

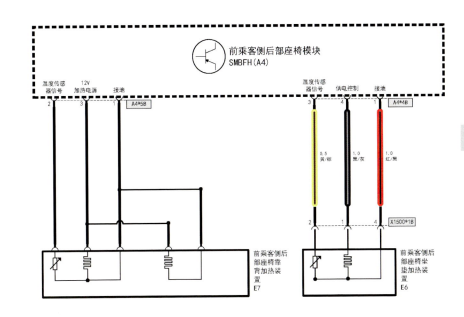

图 9-52

安全系统——系统电源及前乘客安全气囊关闭（图 10-1）

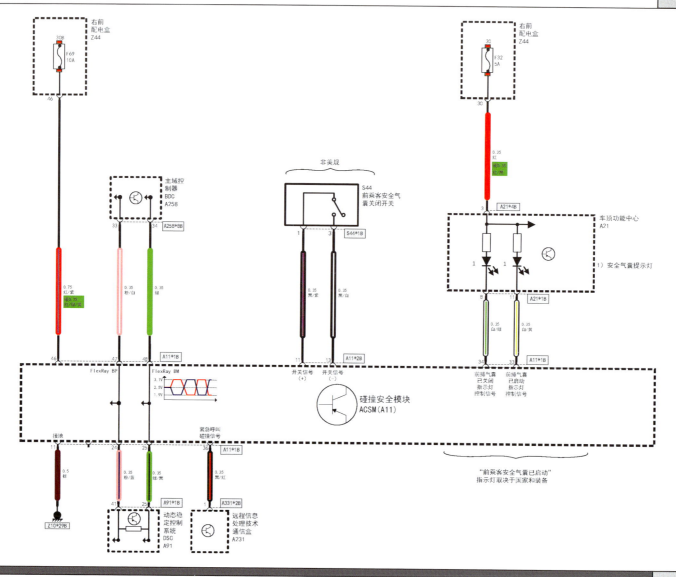

图 10-1

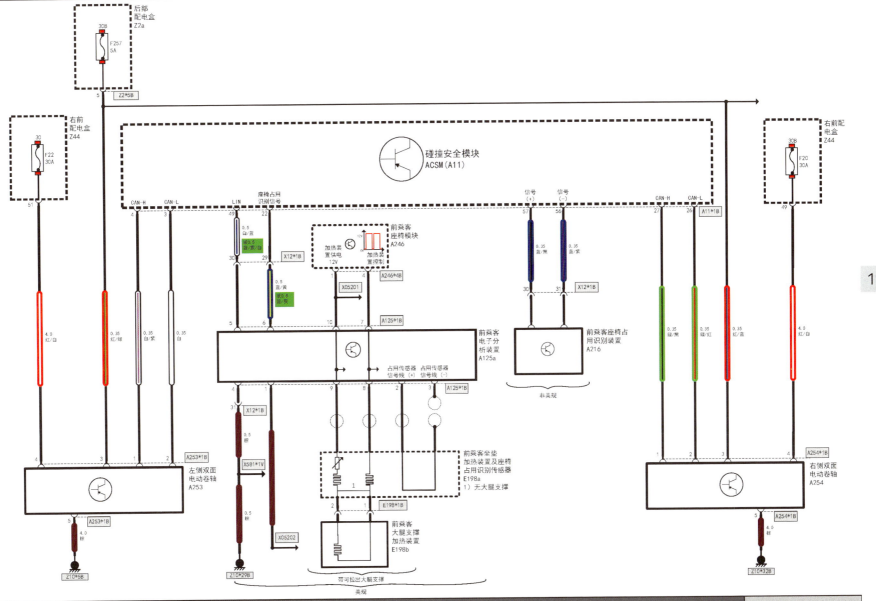

图 10-2

119

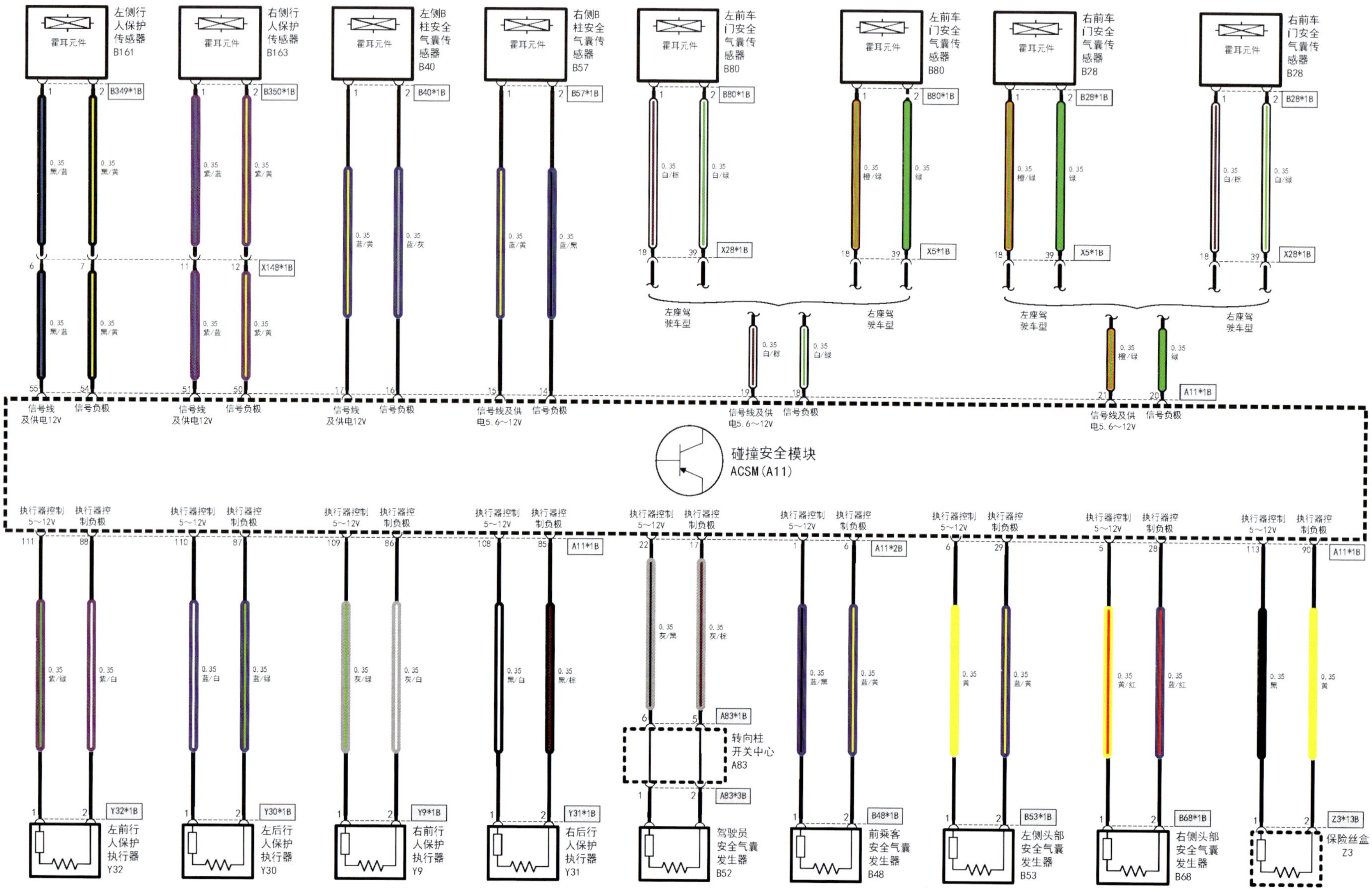

图 10-3

顶部传感器：

霍耳元件 左侧行人保护传感器 B161	霍耳元件 右侧行人保护传感器 B163	霍耳元件 左侧B柱安全气囊传感器 B40	霍耳元件 右侧B柱安全气囊传感器 B57	霍耳元件 左前车门安全气囊传感器 B80	霍耳元件 左前车门安全气囊传感器 B80	霍耳元件 右前车门安全气囊传感器 B28	霍耳元件 右前车门安全气囊传感器 B28
B349*1B	B350*1B	B40*1B	B57*1B	B80*1B	B80*1B	B28*1B	B28*1B

接头：X148*1B, X28*1B, X5*1B, X5*1B, X28*1B

左侧驾驶车型 / 右侧驾驶车型

A11*1B

导线规格及颜色：0.35 黑/蓝, 黑/黄, 紫/蓝, 紫/黄, 蓝/黄, 蓝/灰, 蓝/黄, 蓝/黑, 白/棕, 白/绿, 橙/绿, 绿, 橙/绿, 绿

中部：

信号线及供电12V　信号负极
信号线及供电5.6~12V　信号负极

碰撞安全模块
ACSM(A11)

执行器控制5~12V　执行器控制负极

底部执行器：

左前行人保护执行器 Y32	左后行人保护执行器 Y30	右前行人保护执行器 Y9	右后行人保护执行器 Y31	驾驶员安全气囊发生器 B52	前乘客安全气囊发生器 B48	左侧头部安全气囊发生器 B53	右侧头部安全气囊发生器 B68	保险丝盒 Z3
Y32*1B	Y30*1B	Y9*1B	Y31*1B	A83*3B	B48*1B	B53*1B	B68*1B	Z3*13B

转向柱开关中心 A83　A83*1B

导线规格及颜色：0.35 紫/绿, 紫/白, 蓝/白, 蓝/绿, 灰/绿, 灰/白, 黑/白, 黑/棕, 灰/黑, 灰/棕, 蓝/黑, 蓝/黄, 黄, 蓝/黄, 黄/红, 蓝/红, 黑, 黄

非5系加长型　　　　　　　无记忆功能　　　　　美国和韩国

| 霍耳元件 驾驶员安全带锁扣触点 S7 | 霍耳元件 前乘客安全带锁扣触点 S48 | 霍耳元件 驾驶员侧后排安全带锁扣触点 S76 | 霍耳元件 后排中间安全带锁扣触点 S88 | 霍耳元件 前乘客侧后排安全带锁扣触点 S77 | 霍耳元件 驾驶员座椅位置传感器 S81 | 霍耳元件 前乘客座椅位置传感器 S82 | 霍耳元件 左侧安全气囊前部传感器 B51 | 霍耳元件 右侧安全气囊前部传感器 B45 |

| 1 | 2 S76*1B | 1 | 2 S88*1B | 1 | 2 S77*1B | 1 | 2 B51*1B | 1 | 2 B45*1B |

0.5 绿　　0.5 棕　　0.5 绿/蓝　　0.5 棕/蓝

| 41 42 X14*1B | 42 41 X12*1B | | | | | | | | |

0.35 蓝/白　0.35 棕　　0.35 棕　0.35 蓝/紫

63　62　61　33 34 X14*1B　33 34 X12*1B

X581*1V　X581*1V　　X68*1V　X68*1V　X68*1V　　X581*1V　X581*1V

Z10*29B

67　66　63　62　61　65　64　40　39　38　37 A11*1B

信号线及供电　信号线及供电　信号线及供电　信号线及供电　信号线及供电　信号线及供电4~16V　信号线及供电4~16V　信号线及供电5.6~12V　信号负极　信号线及供电5.6~12V　信号负极

碰撞安全模块 ACSM(A11)

执行器控制5~12V / 执行器控制负极

115 92　107 84　114 91　102 79　101 78　96 73　100 77　95 72　94 71　93 70 A11*1B

0.35 白　0.35 灰/白　0.35 蓝/白　0.35 蓝/棕　0.35 蓝　0.35 棕　0.35 黄/黑　0.35 灰/棕　0.35 白/黑　0.35 白/棕　0.35 黄/黑　0.35 黄/棕　0.35 灰/黑　0.35 灰/棕　0.35 橙　0.35 橙/黄

19 20 X14*1B　17 18　19 20　17 18 X12*1B

B229*1B　前乘客侧收卷拉紧装置 B229

0.35 黄　0.35 棕　0.35 蓝/白　0.35 蓝/棕　0.35 蓝　0.35 棕　0.35 黄/黑　0.35 黄/棕　0.35 白/黑　0.35 白/棕　0.35 黄/黑　0.35 黄/棕　0.35 黑/黄　0.35 黑/红

B92*1B 前乘客安全带拉紧力限力器执行器 B92

B250*1B 右后安全带拉紧装置 B408

2 1 B259*1B　2 1 B257*1B　2 1 B260*1B　2 1 B258*1B　1 2 B79*1B　1 2 B228*1B　1 2 B249*1B

| 驾驶员侧面气囊执行器 B54 | 驾驶员主动式头枕执行器 B47 | 前乘客侧面气囊执行器 B69 | 前乘客主动式头枕执行器 B67 | 驾驶员安全带拉紧力限力器执行器 B79 | 驾驶员侧收卷拉紧装置 B228 | 左后安全带拉紧装置 B407 |

图 10-4

121

空调系统——空调操作面板/空调压缩机（图 11-1）

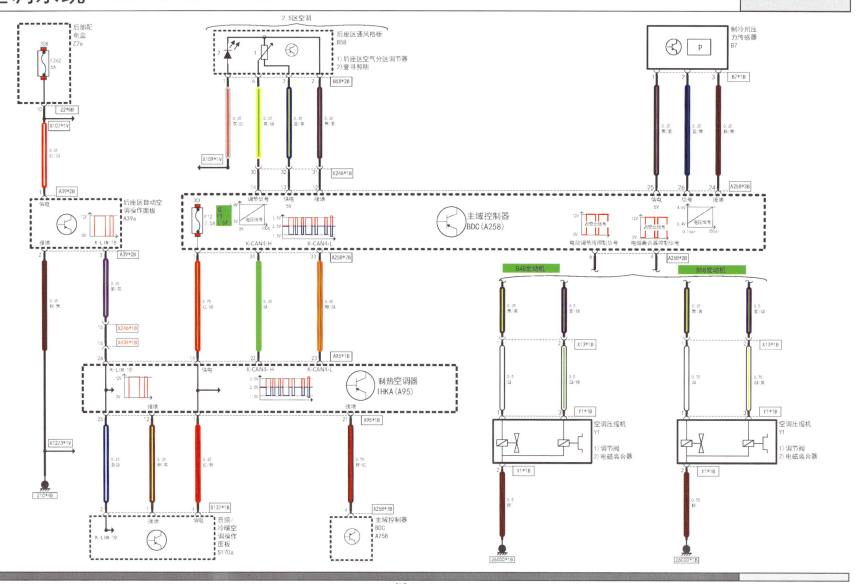

122

图 11-1

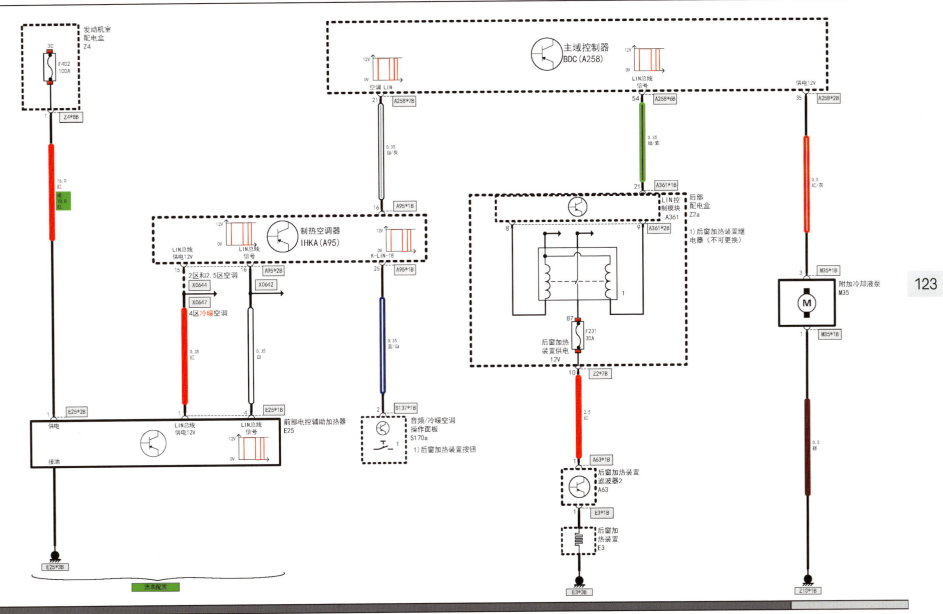

发动机室
配电盒
Z4

F402
100A

16.0
红

暖
10.0
红

1 Z4*8B

主域控制器
BDC（A258）

12V

0V

空调 LIN

21 A258*7B

12V

0V

LIN总线
信号

54 A258*6B

供电12V

35 A258*2B

0.35
白/灰

16 A95*1B

0.35
绿/紫

0.5
红/灰

21 A361*1B

LIN控
制模块
后部
配电盒
Z2a
A361

1) 后窗加热装置继
电器（不可更换）

制热空调器
IHKA（A95）

12V

0V

LIN总线
信号

12V

0V

K-LIN-18

8 A361*2B   9 A361*2B

LIN总线
供电12V

15 A95*2B

X0644

2区和2.5区空调

X0647

4区冷暖空调

X0642

LIN总线
信号

4 E25*1B

0.35
红

0.35
白

供电12V

接地

1 E25*2B

1 A95*1B

25 A95*1B

0.35
蓝/白

2 S137*1B

音频/冷暖空调
操作面板
S170a

1) 后窗加热装置按钮

87 F231
30A

后窗加热
装置供电
12V

10 Z2*7B

2.5
红

1 A63*1B

后窗加热装置
滤波器2
A63

1 E3*1B

后窗加
热装置
E3

前部电控辅助加热器
E25

3 M35*1B

附加冷却液泵
M35

M

1 M35*1B

0.5
棕

E25*3B   E3*3B   Z10*1B

选装配置

图 11-2

123

右前配电
盒
Z44

30B
F47
5A

61

X890*1V

0.35
红/黑

S94*1B
1

手套箱
灯开关
S94

2
S94*1B

0.35
棕/蓝

X1606*1V

X525*1V

0.35
红/棕

供电

开关信号
4

接地

0.35
棕/蓝

4
X1606*1V

0.35
棕/蓝

2
E12*2B

手套箱灯
E12

1
E12*1B

0.35
棕/绿

15
A258*7B

主域控
制器
BDC
A258

X472*1V

2
X1605*1B

0.35
白/棕

B416*1B

空调 LIN-2

接地

B416*1B

1

1
X1605*1B

0.35
棕

0.35
棕

芳香剂
B416

制热空
调器
A95

12V
0V

空调 LIN-2

15
A95*1B

0.35
白/棕

X472*1V

0.35
白/棕

2

空调 LIN-2

12V
0V

1
2
A345*2B

1
2
A345*3B

供电12V

接地

1
A345*1B

发射极
I01086

发射极2
I01087

右前配电
盒
Z44

30B
F63
5A

40

X525*1V

0.35
红/棕

3
A345*1B

电离器
A345

0.35
棕

Z10*16B

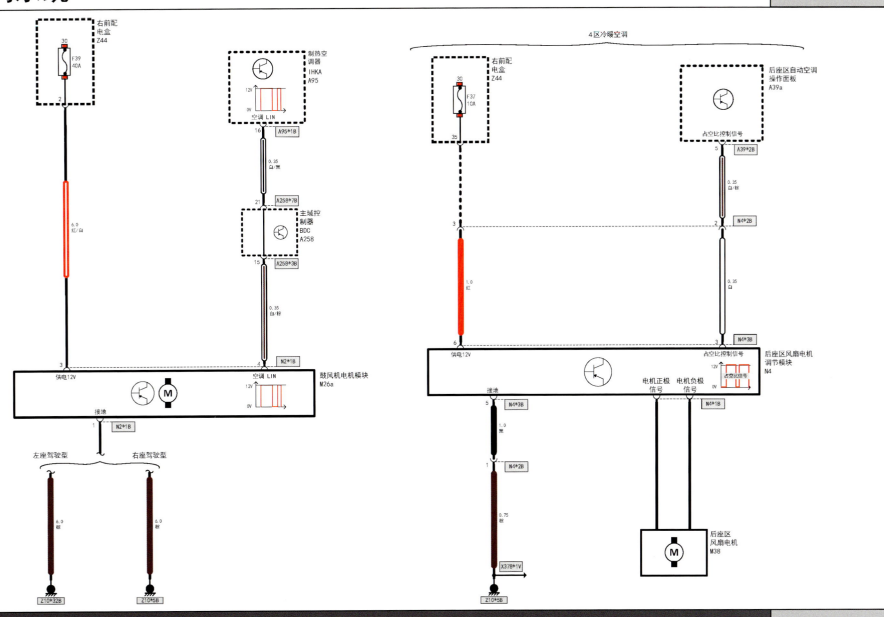

右前配
电盒
Z44

F39
40A

6.0
红/白

制热空
调器
IHKA
A95

12V
0V
空调 LIN

16   A95*1B

0.35
白/黑

21   A258*7B

主域控
制器
BDC
A258

15   A258*3B

0.35
白/棕

N2*1B

供电12V

空调 LIN
12V
0V

鼓风机电机模块
M26a

接地

1   N2*1B

左座驾驶型   右座驾驶型

6.0
棕

6.0
棕

Z10*32B   Z10*5B

4区冷暖空调

右前配
电盒
Z44

F37
10A

1.0
红

后座区自动空调
操作面板
A39a

占空比控制信号

5   A39*2B

0.35
白/棕

2   N4*2B

0.35
白

3   N4*3B

供电12V   占空比控制信号   后座区风扇电机
调节模块
N4

12V
0V
占空比信号

接地   电机正极   电机负极
信号   信号

5   N4*3B

1.0
黑

1   N4*2B

0.75
棕

X378*1V

Z10*5B

后座区
风扇电机
M38

图 11-4

126

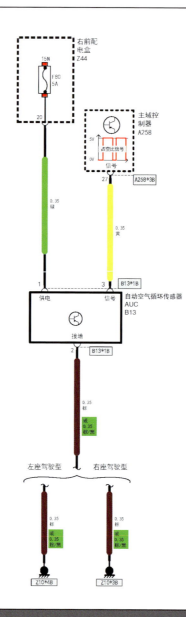

右前配
电盒
Z44

15N

F80
5A

20

主域控
制器
A258

5V

占空比信号

0V

信号

27

A258*3B

0.35
绿

0.35
黄

1

3

B13*1B

供电

信号

自动空气循环传感器
AUC
B13

接地

2

B13*1B

0.35
棕

或
0.35
棕/黑

左座驾驶型

右座驾驶型

0.35
棕

或
0.35
棕/黑

0.35
棕

或
0.35
棕/黑

Z10*4B

Z10*3B

图 11-5

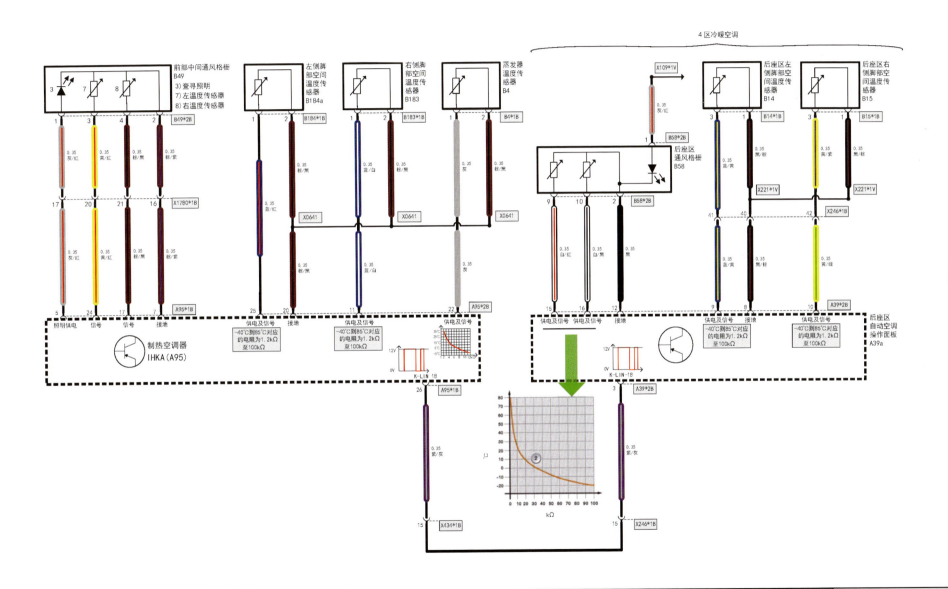

4区冷暖空调

前部中间通风格栅 B49
3) 查寻照明
7) 左温度传感器
8) 右温度传感器

左侧脚部空间温度传感器 B184a

右侧脚部空间温度传感器 B183

蒸发器温度传感器 B4

后座区通风格栅 B58

后座区左侧脚部空间温度传感器 B14

后座区右侧脚部空间温度传感器 B15

照明供电　信号　信号　接地
制热空调器 IHKA（A95）

供电及信号　接地
-40℃到85℃对应的电阻为1.2kΩ至100kΩ

供电及信号
-40℃到85℃对应的电阻为1.2kΩ至100kΩ

供电及信号
K-LIN 18

供电及信号　供电及信号　接地

供电及信号　接地
-40℃到85℃对应的电阻为1.2kΩ至100kΩ

供电及信号
-40℃到85℃对应的电阻为1.2kΩ至100kΩ

后座区自动空调操作面板 A39a

K-LIN 18

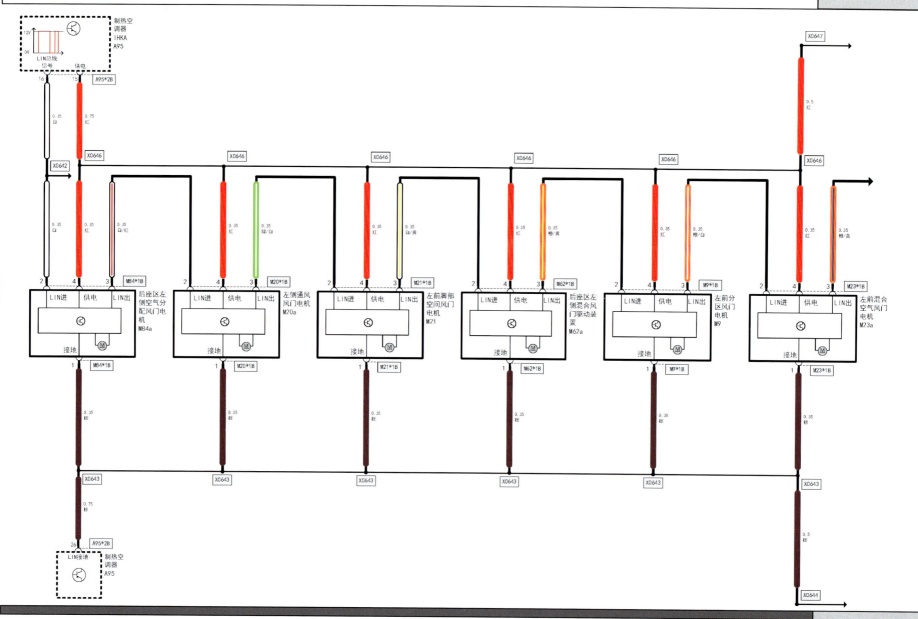

128

图 11-7

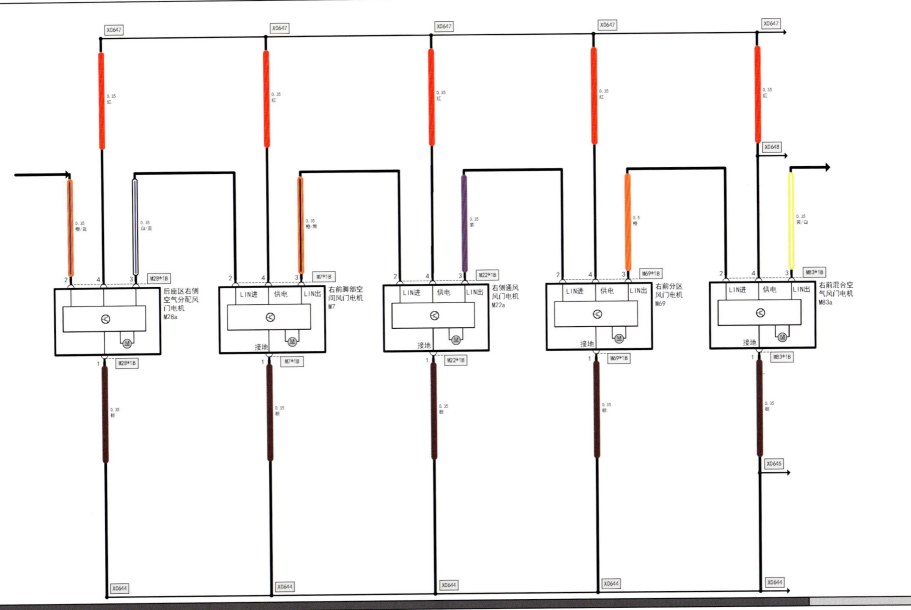

图11-8

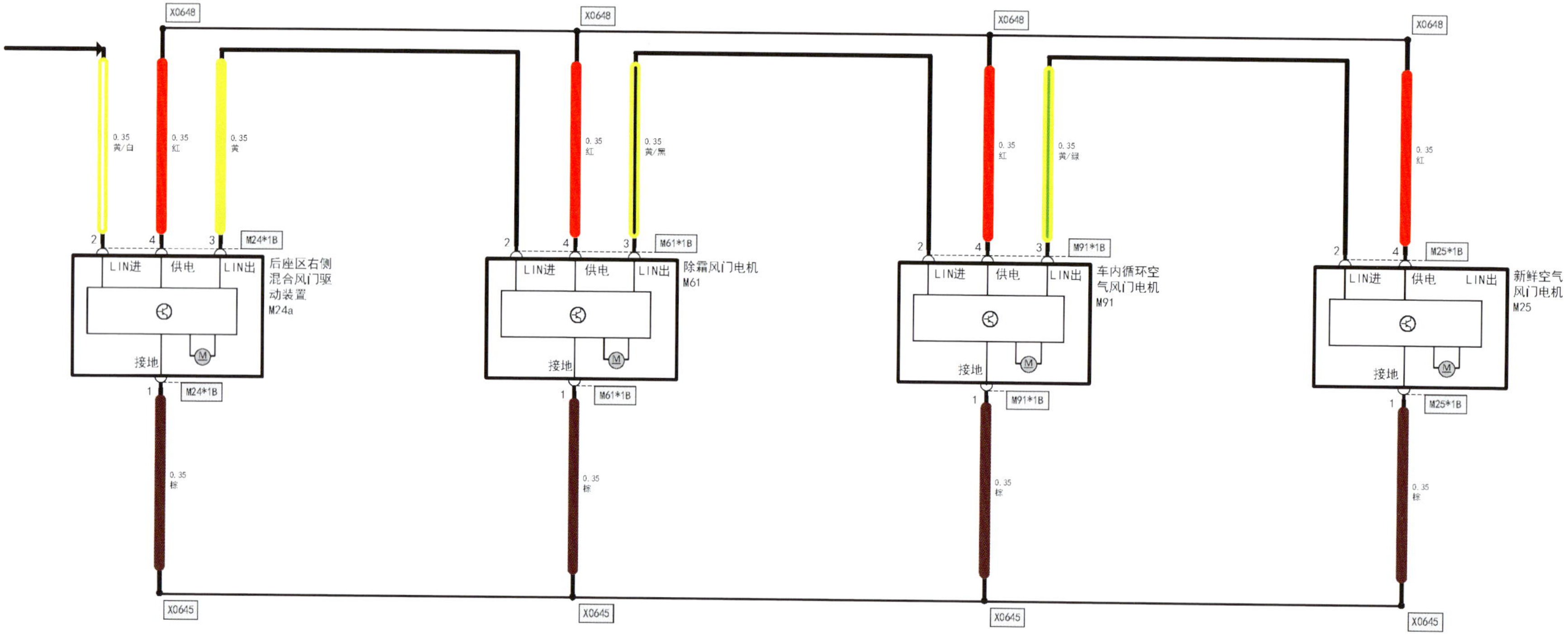

130

X0648

| 2 | 4 | 3 | M24*1B | 后座区右侧混合风门驱动装置 M24a |

0.35 黄/白
0.35 红
0.35 黄

LIN进　供电　LIN出

接地

M24*1B
0.35 棕

0.35 红
0.35 黄/黑

LIN进　供电　LIN出　除霜风门电机 M61

接地

M61*1B
0.35 棕

0.35 红
0.35 黄/绿

LIN进　供电　LIN出　车内循环空气风门电机 M91

接地

M91*1B
0.35 棕

0.35 红

LIN进　供电　LIN出　新鲜空气风门电机 M25

接地

M25*1B
0.35 棕

X0645

图 11-9

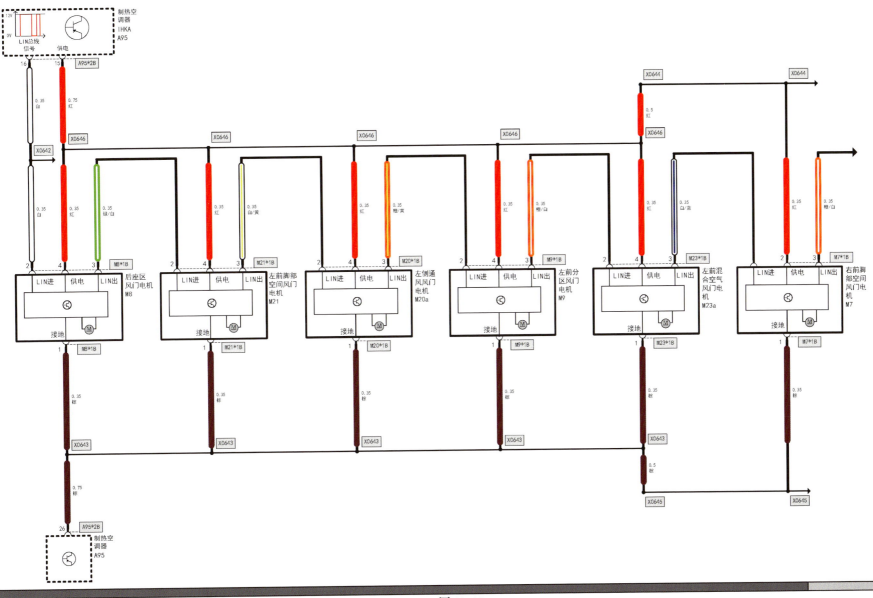

131

图 11-10

132

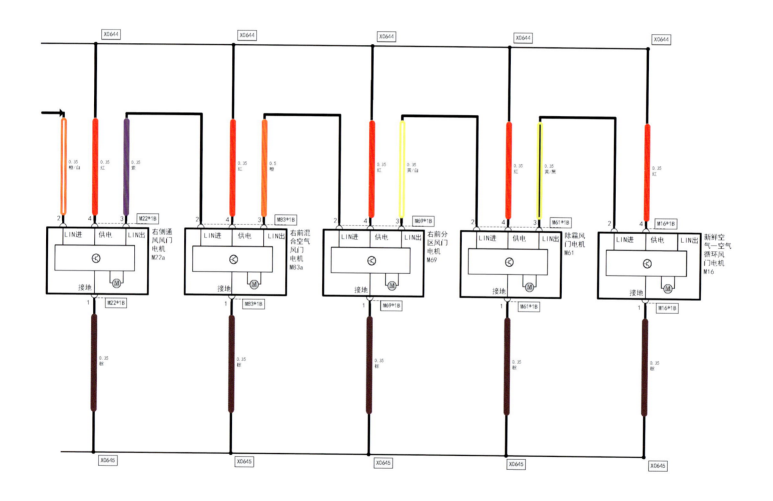

图 11-11

信息显示及娱乐系统——组合仪表 （图 12-1）

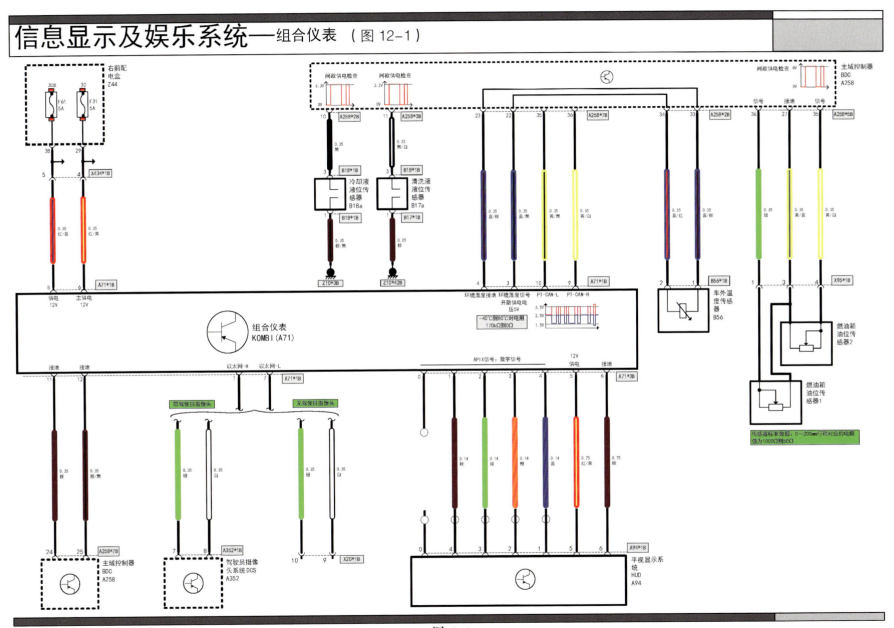

图 12-1

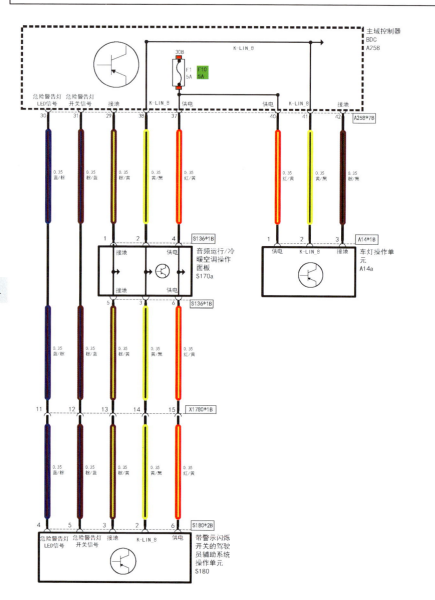

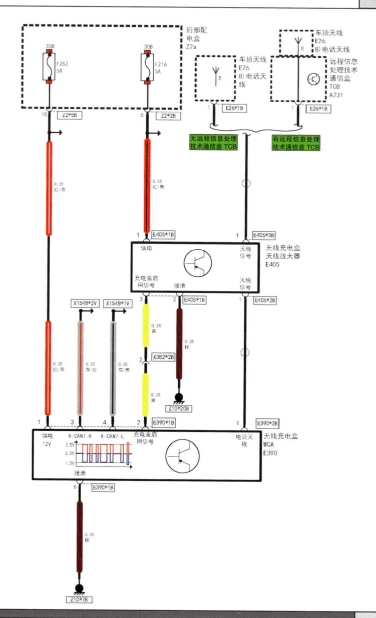

134

图 12-2

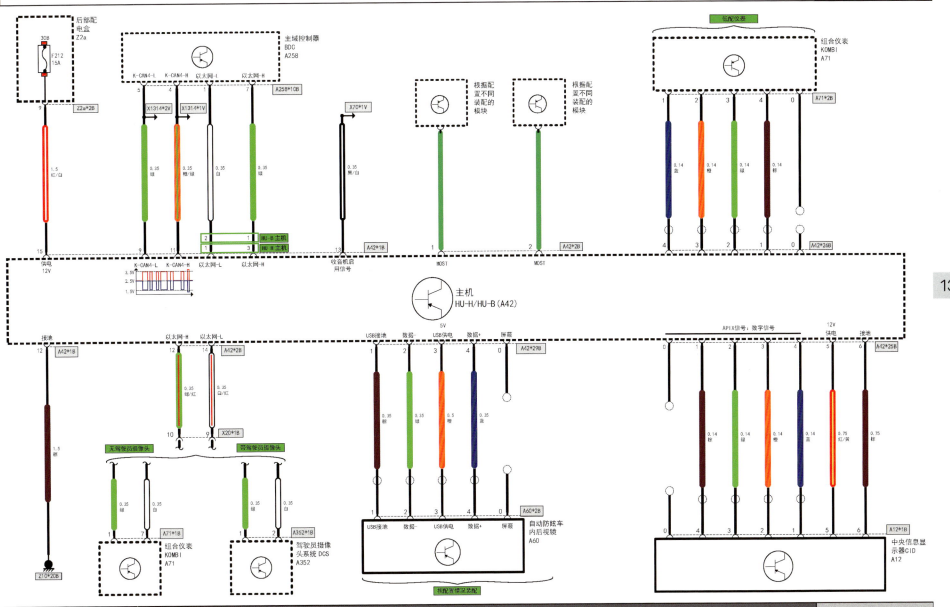

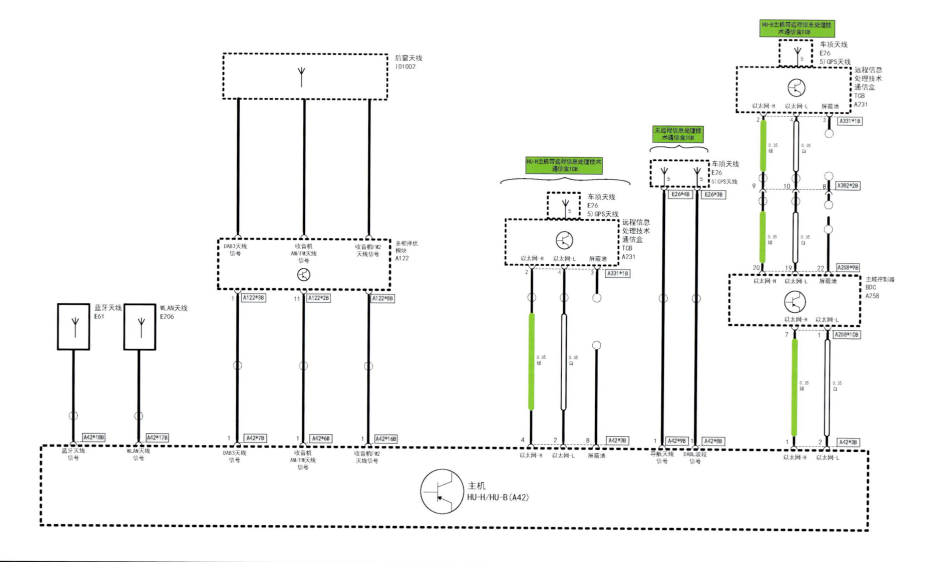

136

图 12-4

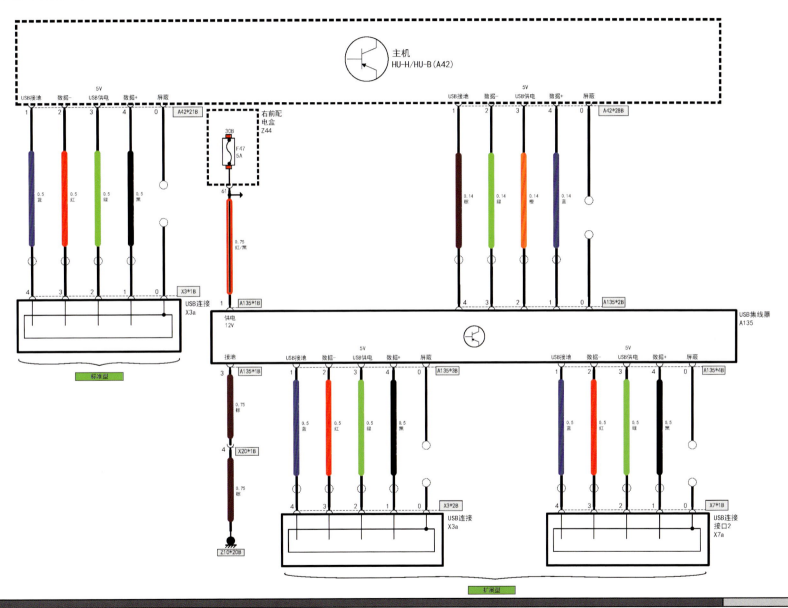

图 **12-5**

138

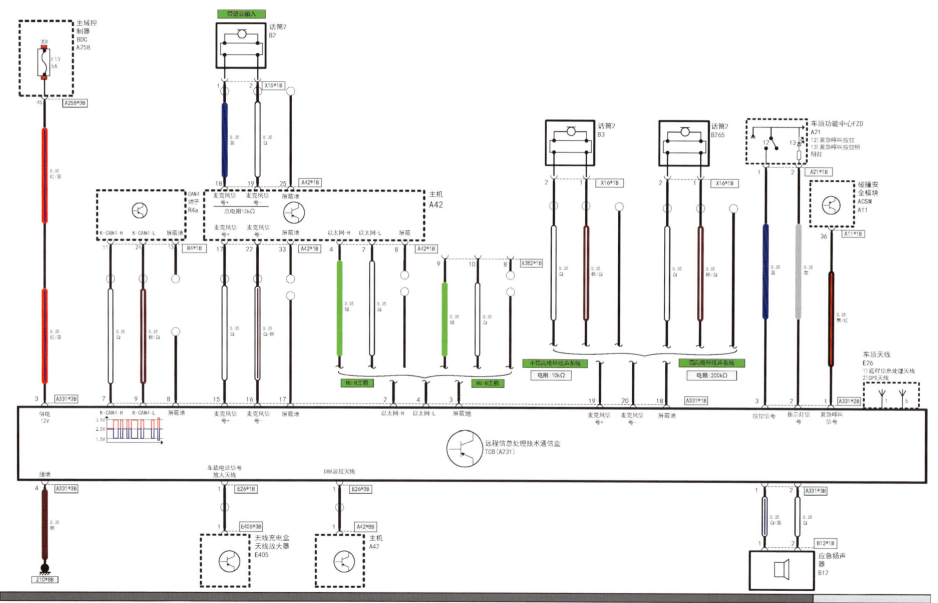

图 12-6

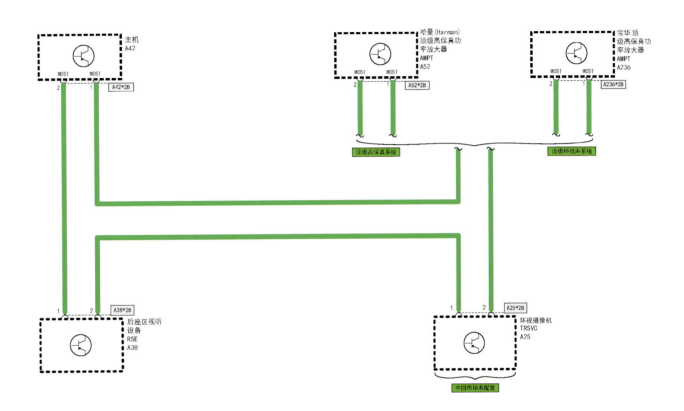

主机
A42

哈曼(Harman)
顶级高保真功
率放大器
AMPT
A52

宝华顶
级高保真功
率放大器
AMPT
A236

顶级高保真系统

顶级环绕声系统

后座区视听
设备
RSE
A38

环视摄像机
TRSVC
A25

中国市场末配置

139

图12-7

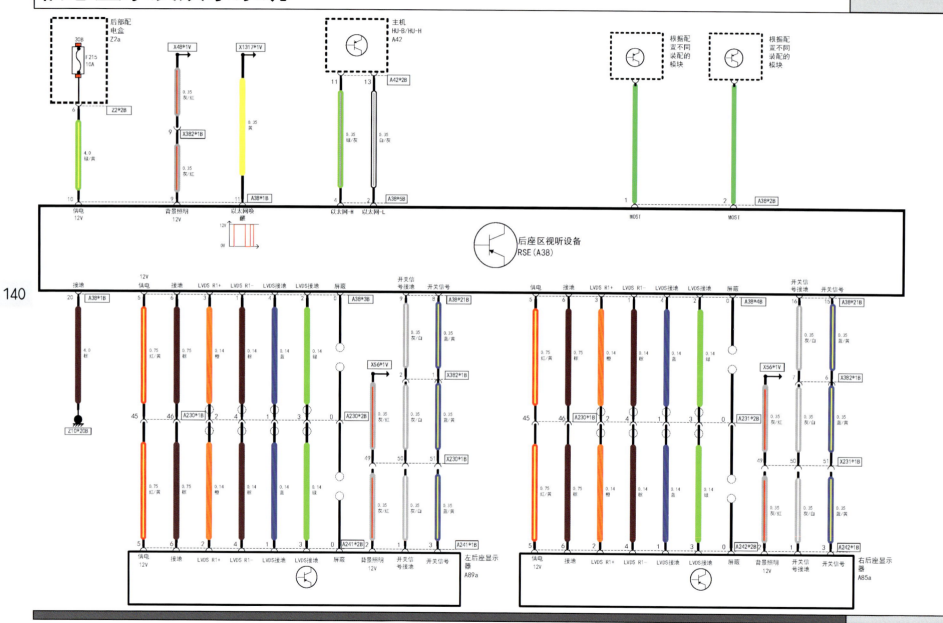

140

图 12-8

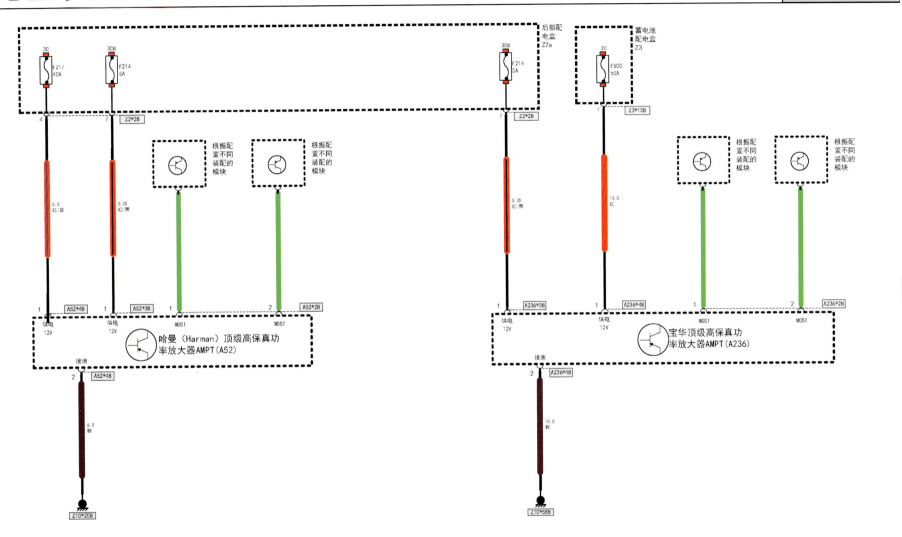

图 12-9

142

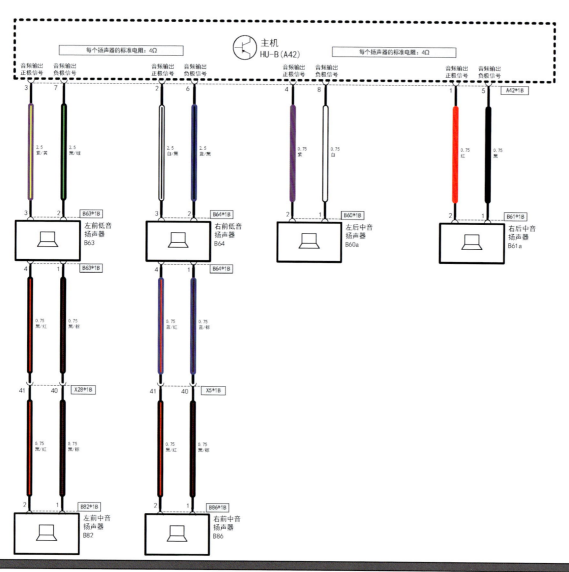

图 12-10

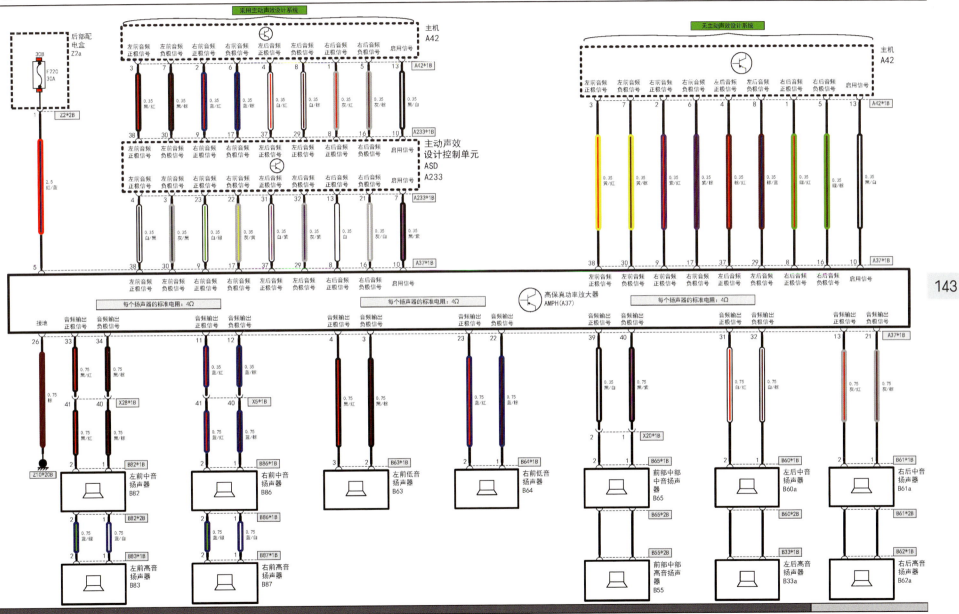

图 12-11

143

144

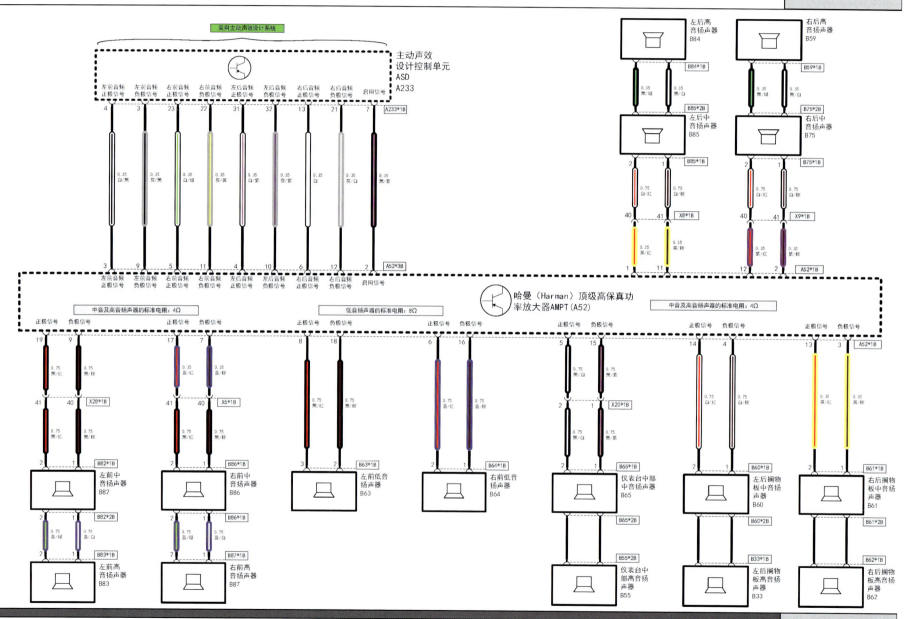

图12-12

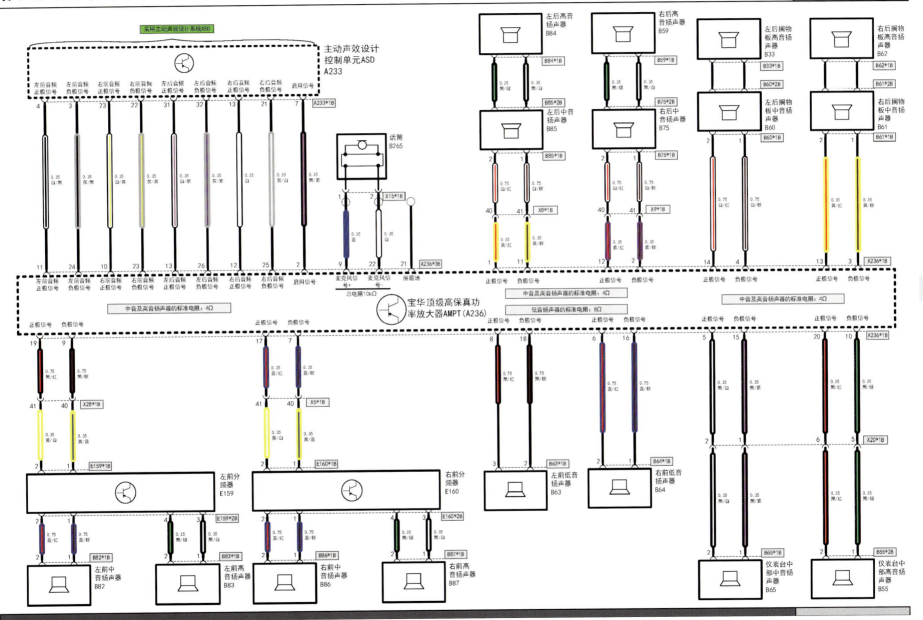

图 **12-13**

145

驾驶员辅助系统——倒车摄像机（无环视）/中央控制台操作面板/驾驶员辅助系统操作单元（图 13-1）

146

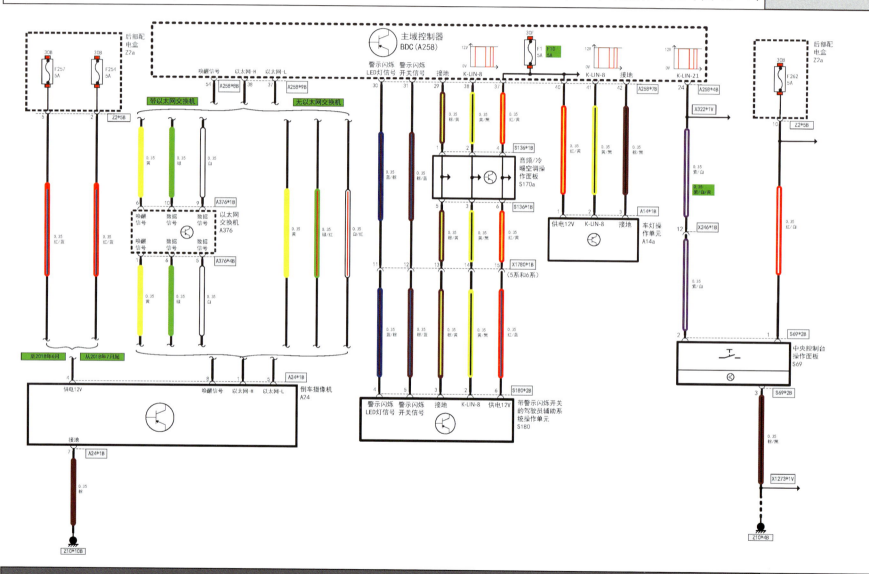

图 13-1

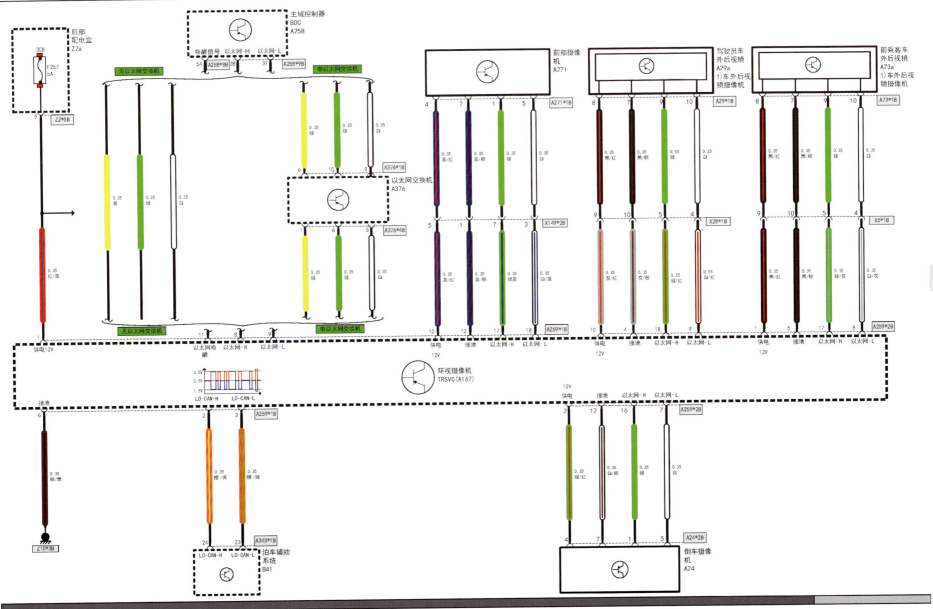

图 13-2

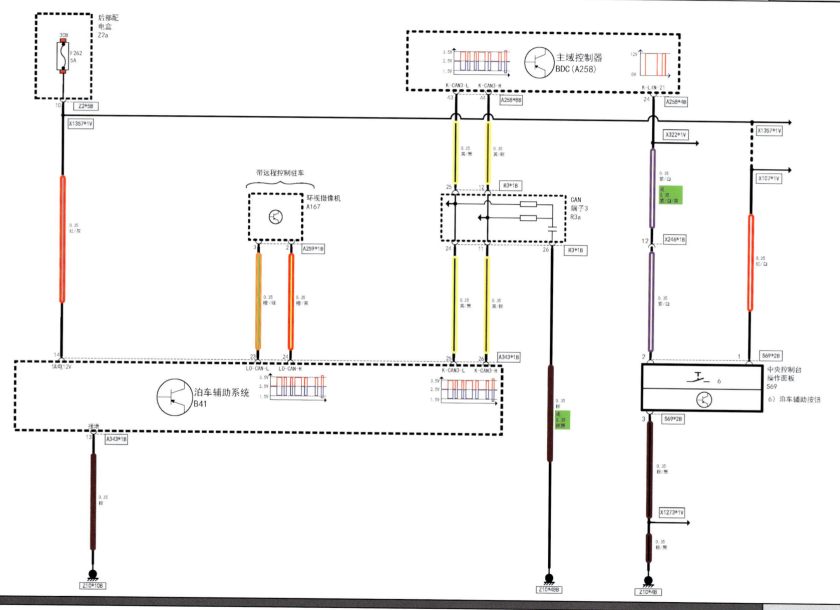

148

图 13-3

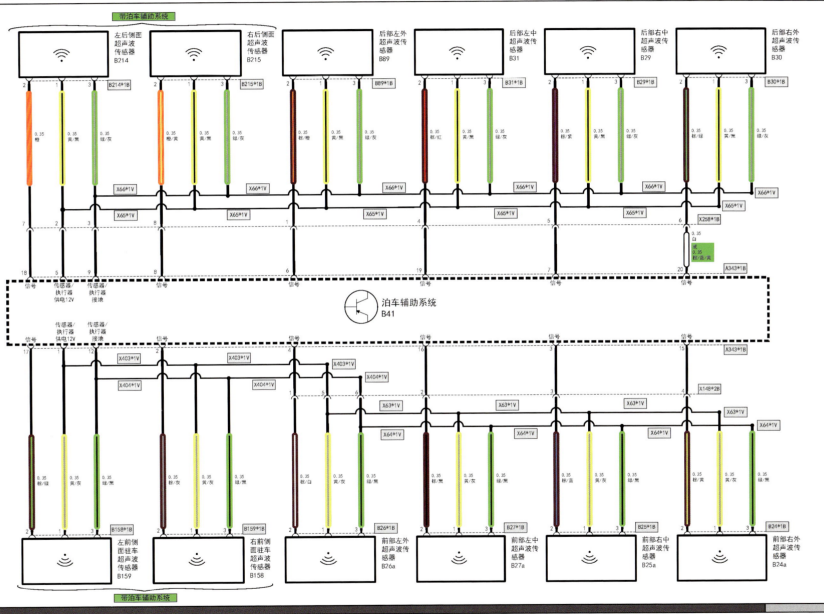

图 13-4

150

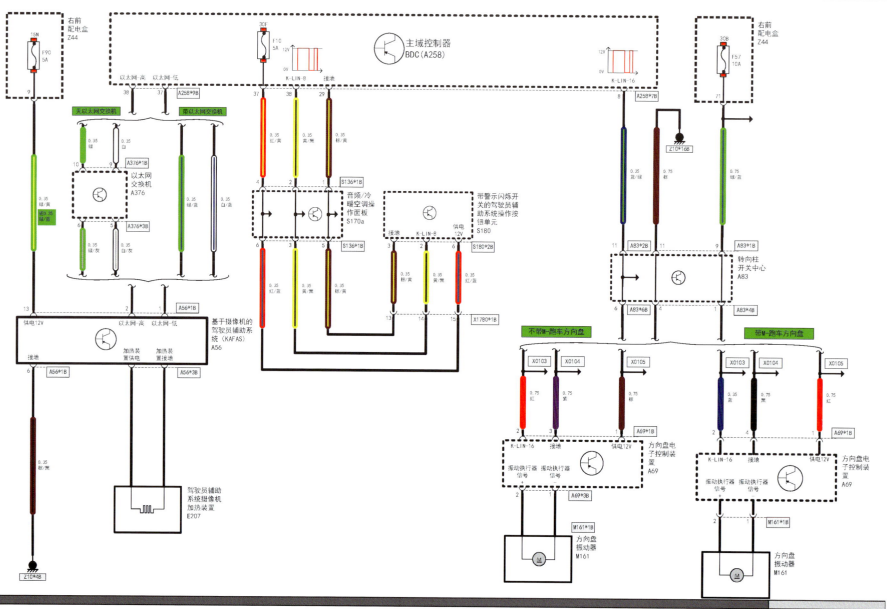

图 13-5

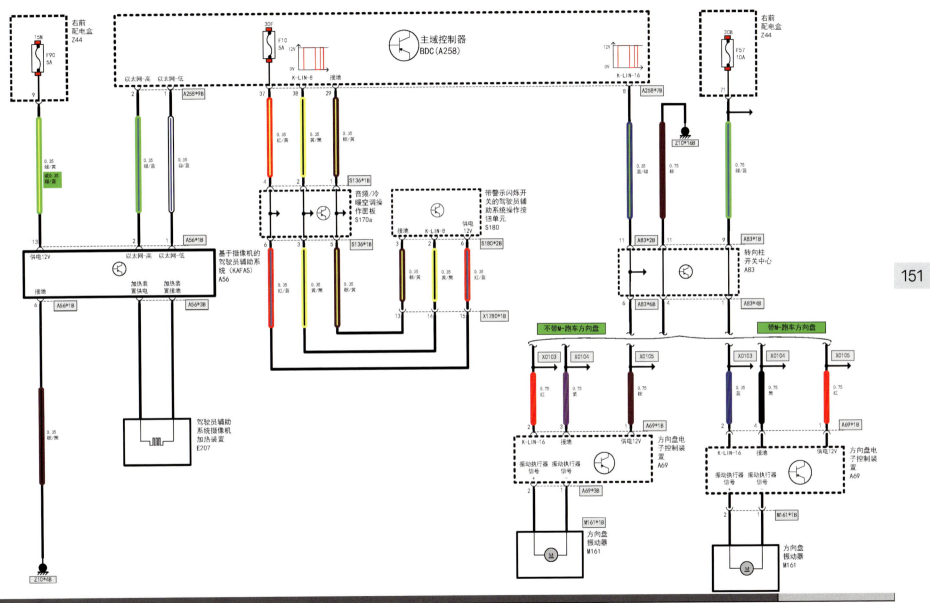

图 13-6

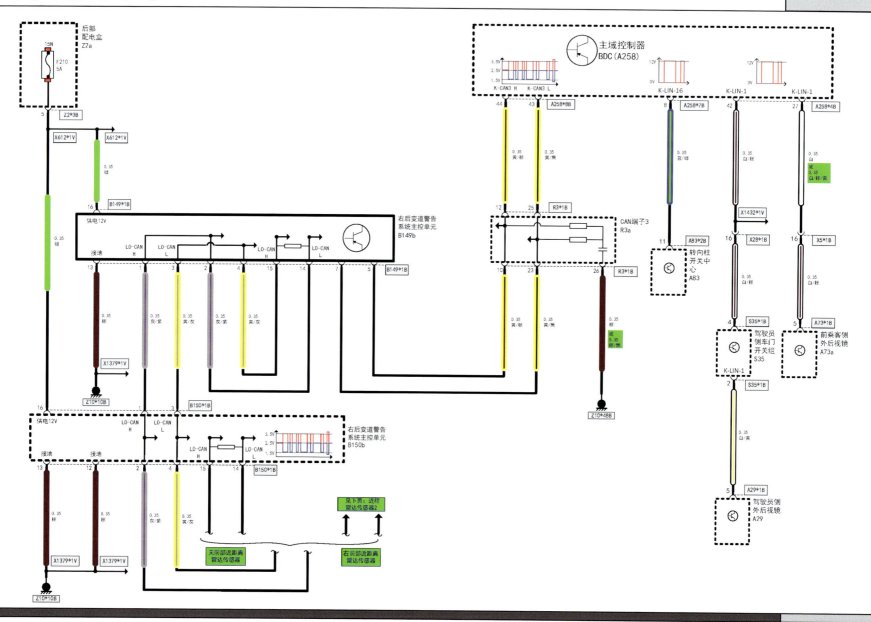

图 13-7

153

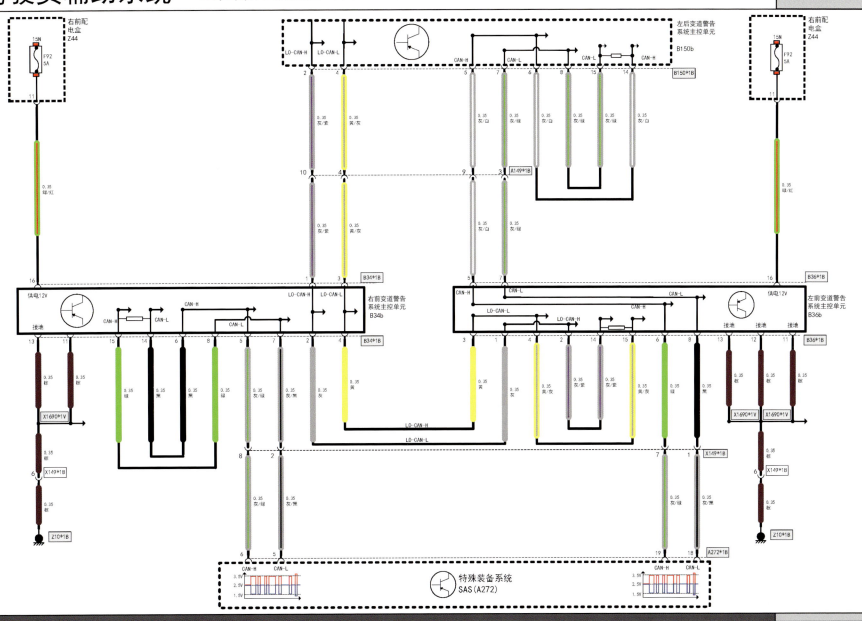

图 13-8

154

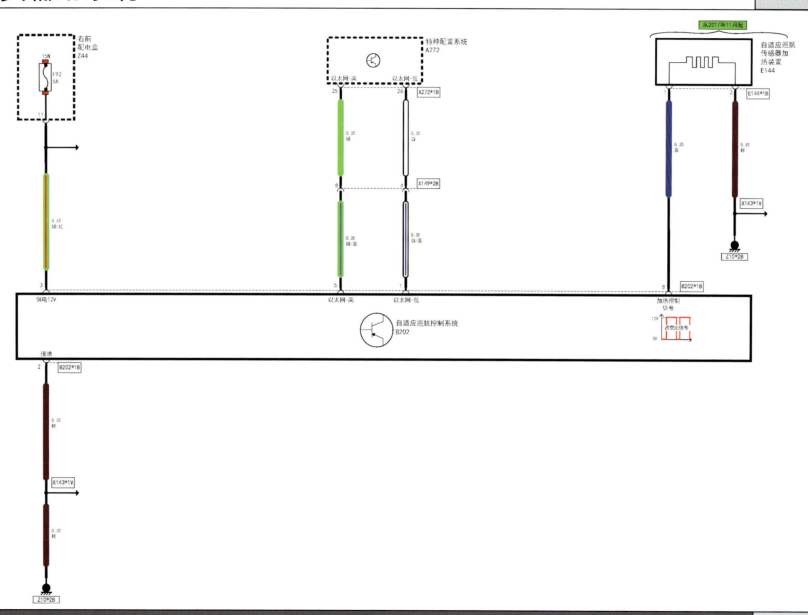

图 13-9

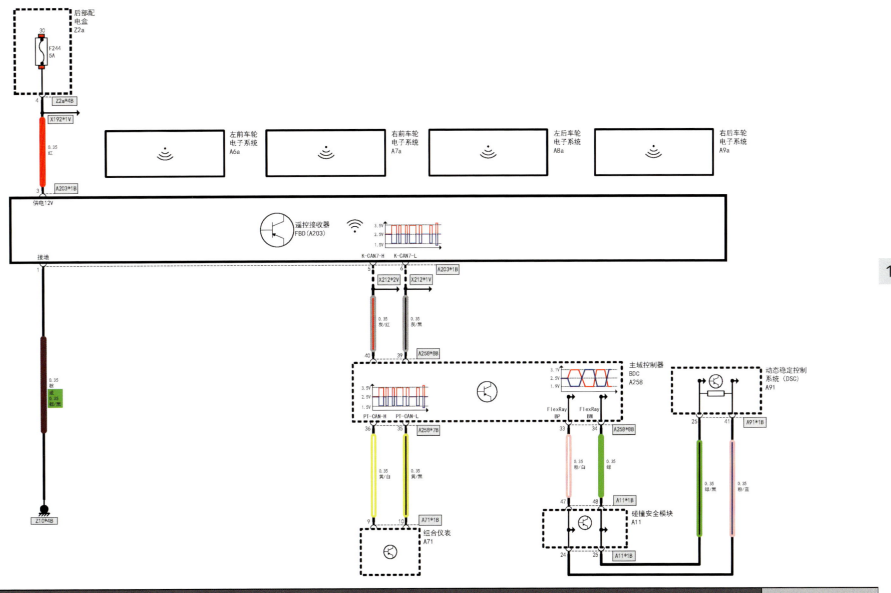

图 13-10

155

第十四章　电气系统元件连接器位置

电气系统元件连接器位置索引如表 14-1 所示。

表 14-1　位置索引说明

部件编号	插头编号	图号	部件编号	插头编号	图号
A11	A11*1B/A11*2B	图 14-1	A248	A248*1B	图 14-22
A12	A12*1B	图 14-2	A253	A253*1B	图 14-23
A122a	A122*2B~A122*5B/A122*8B	图 14-3	A254	A254*1B	图 14-25
A126	/	图 14-4	A258	A258*1B~A258*5B/A258*10B	图 14-24
A135	A135*1B~A135*4B	图 14-5	A258	A258*6B~A258*9B	图 14-26
A14a	A14*1B	图 14-6	A27	A27*1B	图 14-27
A152	A152*1B	图 14-7	A271	A271*1B	图 14-28
A152	A152*1B	图 14-8	A272	A272*1B	图 14-29
A153	/	图 14-7	A279	A279*1B	图 14-30
A153	/	图 14-8	A28	A28*1B	图 14-32
A167	A259*1B/A259*2B	图 14-9	A280	A280*1B	图 14-31
A18	A18*1B~A18*6B	图 14-10	A286	A286*1B	图 14-33
A203	A203*1B	图 14-11	A29a	A29*1B	图 14-34
A21	A21*1B~A21*4B	图 14-12	A29a_1	/	图 14-35
A218a	A218*1B/A218*3B/A218*4B	图 14-13	A29a_2	/	图 14-34
A231	E26*1B/E26*3B/A331*1B~A331*3B	图 14-14	A29a_3	/	图 14-34
A233	A233*1B	图 14-15	A29a_4	/	图 14-35
A236	A236*1B~A236*4B	图 14-16	A29a_8	/	图 14-35
A239	A239*1B~A239*3B	图 14-17	A29a_9	/	图 14-34
A24	A24*1B	图 14-18	A333	A333*1B/A333*2B	图 14-36
A244	A244*1B~A244*3B	图 14-19	A334	A334*1B	图 14-37
A245	A245*1B~A245*8B	图 14-20	A335	A335*1B	图 14-38
A246	A246*1B~A246*8B	图 14-21	A345	A345*1B~A345*3B	图 14-39

部件编号	插头编号	图号
A361	A361*1B/A361*2B	图 14-40
A37	A37*1B	图 14-41
A371	A371*1B	图 14-42
A372	A372*1B	图 14-43
A376	A376*1B~A376*4B	图 14-44
A38	A38*1B~A38*5B	图 14-45
A39a	A39*2B	图 14-46
A4	A4*1B~A4*6B	图 14-47
A42	A42*1B~A42*3B/A42*17B/A42*18B/A42*21B/A42*22B/A42*25B/A42*26B/A42*28B	图 14-48
A42	A42*1B~A42*3B/A42*9B/A42*17B/A42*18B/A42*21B/A42*22B/A42*25B/A42*28B	图 14-49
A44	A44*1B~A44*3B	图 14-50
A46	A46*1B~A46*6B	图 14-51
A46（B48）	A46*1B~A46*6B	图 14-52
A5	A5*1B~A5*3B	图 14-53
A52	A52*1B~A52*4B	图 14-54
A56	A56*1B/A56*3B	图 14-55
A60	A60*1B	图 14-56
A60	A60*2B~A60*5B	图 14-57
A67	A67*1B/A67*2B	图 14-58
A69	A69*1B~A69*4B	图 14-59
A691	A691*1B/A691*2B	图 14-60
A692	/	图 14-60
A6a	/	图 14-61
A71	A71*1B~A71*3B	图 14-62
A73a	A73*1B	图 14-63
A73a_1	/	图 14-65

部件编号	插头编号	图号
A73a_2	/	图 14-63
A73a_3	/	图 14-63
A73a_4	/	图 14-65
A73a_8	/	图 14-65
A73a_9	/	图 14-63
A75	A75*1B	图 14-64
A76	A76*1B	图 14-66
A79	A199*1B	图 14-68
A80	A80*1B~A80*3B	图 14-67
A83	A83*3B/A83*4B/A83*6B	图 14-69
A83	A83*1B/A83*2B/A83*5B	图 14-70
A85a	A242*1B/A242*2B	图 14-71
A88	A88*2B	图 14-72
A89a	A241*1B/A241*2B	图 14-73
A91	A91*1B	图 14-74
A94	A94*1B	图 14-75
A95	A95*1B/A95*2B	图 14-76
A98a	A98*1B	图 14-77
B101	X33*1B	图 14-78
B102	X34*1B	图 14-79
B103	X32*1B	图 14-80
B104	X35*1B	图 14-81
B105	X21*1B	图 14-78
B106	X26*1B	图 14-81
B11	B11*1B	图 14-82
B110	B110*1B	图 14-83
B12	B12*1B	图 14-84

157

部件编号	插头编号	图号
B129	B129*1B	图 14-85
B129（B48）	B129*1B	图 14-86
B14	B14*1B	图 14-87
B149b	B149*1B	图 14-88
B15	B15*1B	图 14-89
B150b	B150*1B	图 14-90
B156	B156*1B	图 14-91
B158	B159*1B	图 14-92
B159	B158*1B	图 14-93
B161	B349*1B	图 14-94
B163	B350*1B	图 14-94
B172	B0172*1B	图 14-95
B173	B0173*1B	图 14-96
B174	B0174*1B	图 14-97
B175	B0175*1B	图 14-98
B17a	B17*1B	图 14-99
B183	B183*1B	图 14-100
B184a	B184*1B	图 14-100
B18a	B18*1B	图 14-101
B2	X15*1B	图 14-102
B202	B202*1B	图 14-103
B207	B207*1B	图 14-104
B21/B22	/	图 14-22
B214	B214*1B	图 14-105
B215	B215*1B	图 14-106
B228	B228*1B	图 14-23
B229	B229*1B	图 14-25

部件编号	插头编号	图号
B24a	B24*1B	图 14-92
B25a	B25*1B	图 14-92
B265	B265*1B	图 14-102
B268（B48）	B268*1B	图 14-107
B268（B58）	B268*1B	图 14-108
B26a	B26*1B	图 14-93
B27a	B27*1B	图 14-93
B28	B28*1B	图 14-31
B29	B29*1B	图 14-106
B30	B30*1B	图 14-106
B31	B31*1B	图 14-105
B310a（B48）	B310*1B	图 14-109
B310a（B58）	B310*1B	图 14-110
B311（B48）	B302*1B	图 14-109
B311（B58）	B377*1B	图 14-110
B313（B48）	B313*1B	图 14-111
B313（B58）	B313*1B	图 14-112
B33	B60*1B	图 14-113
B34b	B34*1B	图 14-114
B35	B35*1B	图 14-115
B36b	B36*1B	图 14-116
B37	B37*1B	图 14-117
B39	B39*1B	图 14-118
B4	B4*1B	图 14-119
B40	B40*1B	图 14-120
B407	B249*1B	图 14-121
B408	B250*1B	图 14-122

部件编号	插头编号	图号
B41	A343*1B	图 14-123
B414（B48）	B414*1B	图 14-124
B414（B58）	B414*1B	图 14-125
B416	B416*1B	图 14-126
B428（B48）	B428*1B	图 14-127
B428（B58）	B428*1B	图 14-128
B428a（B48）	B429*1B	图 14-127
B428a（B58）	B429*1B	图 14-128
B439	B439*1B	图 14-129
B439（B48）	B439*1B	图 14-130
B45	B45*1B	图 14-131
B47	B257*1B	图 14-132
B48	B48*1B	图 14-133
B49	B49*2B	图 14-134
B5	B5*1B	图 14-135
B51	B51*1B	图 14-136
B52	A83*3B	图 14-137
B53	B53*1B	图 14-138
B54	B259*1B	图 14-139
B55	B55*2B	图 14-140
B56	B56*2B	图 14-141
B57	B57*1B	图 14-142
B58	B58*2B	图 14-143
B60	B60*2B	图 14-113
B61	B61*1B	图 14-144
B6120（B58）	B442*1B	图 14-145
B62	B61*2B	图 14-144

部件编号	插头编号	图号
B6200（B48）	X1398*1B	图 14-146
B6200（B58）	X1398*1B	图 14-147
B6201（B48）	X1399*1B	图 14-146
B6201（B58）	X1399*1B	图 14-147
B6210（B48）	B433*1B	图 14-148
B6210（B58）	B433*1B	图 14-149
B6211（B48）	B435*1B	图 14-148
B6211（B58）	B435*1B	图 14-149
B6214a（B48）	B432*1B	图 14-107
B6214a（B58）	B432*1B	图 14-108
B6236（B48）	B441*1B	图 14-127
B6236（B58）	B441*1B	图 14-150
B63	B63*1B	图 14-151
B64	B64*1B	图 14-152
B65	B65*1B/B65*2B	图 14-140
B67	B258*1B	图 14-153
B68	B68*1B	图 14-154
B69	B260*1B	图 14-155
B7	B7*1B	图 14-156
B79	B79*1B	图 14-23
B8	B8*1B	图 14-84
B80	B80*1B	图 14-30
B81	B81*1B	图 14-157
B82	B82*1B/B82*2B	图 14-158
B83	B83*1B	图 14-158
B86	B86*1B/B86*2B	图 14-159
B87	B87*1B	图 14-159

部件编号	插头编号	图号
B89	B89*1B	图 14-105
B92	B92*1B	图 14-25
E10	E10*1B	图 14-160
E104	A63*1B/A63*3B	图 14-161
E11	E11*1B	图 14-162
E112	/	图 14-59
E112	E112*1B	图 14-163
E12	E12*1B	图 14-164
E123	E123*1B	图 14-165
E124	E124*1B	图 14-166
E125	E125*1B	图 14-167
E126	E126*1B	图 14-168
E13	E13*1B	图 14-169
E14	E398*1B	图 14-64
E144	E144*1B	图 14-103
E159	E159*1B/E159*2B	图 14-158
E15b	E15*1B	图 14-170
E160	E160*1B/E160*2B	图 14-159
E17a	E17*1B	图 14-171
E189	E189*1B	图 14-158
E190	E190*1B	图 14-159
E191	E191*1B	图 14-172
E192	E192*1B	图 14-171
E193	E193*1B	图 14-162
E194	E194*1B	图 14-160
E197	/	图 14-173
E198/E198b	E198*1B	图 14-174

部件编号	插头编号	图号
E199	/	图 14-173
E200	/	图 14-174
E206	/	图 14-175
E21	E396*1B	图 14-66
E22	E22*2B	图 14-176
E220a	E220*1B	图 14-177
E26	/	图 14-178
E28a	E245*1B	图 14-179
E29	E29*1B	图 14-180
E3	E3*1B	图 14-161
E3	E3*3B	图 14-181
E31	E31*1B	图 14-180
E32a	E32*2B	图 14-182
E33	E33*1B	图 14-183
E34	E34*1B	图 14-184
E35	E35*1B	图 14-183
E359	E359*1B	图 14-187
E362	E362*1B	图 14-135
E363	E363*1B	图 14-187
E364	E364*1B	图 14-187
E365	E365*1B	图 14-172
E366	E366*1B	图 14-171
E367	E367*1B	图 14-162
E368	E368*1B	图 14-160
E37	E395*1B	图 14-27
E38	E38*1B	图 14-84
E39	E39*1B	图 14-188

部件编号	插头编号	图号
E390	E390*1B/E390*2B	图 14-189
E393	E393*1B/E393*2B	图 14-190
E399	E399*1B	图 14-185
E400	E400*1B	图 14-186
E412a	E412*1B	图 14-134
E431	E431*1B	图 14-191
E432	E432*1B	图 14-192
E44a	E44*2B	图 14-193
E47	E47*1B	图 14-172
E48	E48*1B	图 14-171
E49b	E49*1B	图 14-160
E5	E5*1B	图 14-180
E5	E5_26/E5_33	图 14-194
E5	E5_1/E5_14/E5_32	图 14-195
E51	E51*1B	图 14-162
E52	E52*1B	图 14-160
E53/E64	/	图 14-196
E57	E57*1B	图 14-183
E58	E58*1B	图 14-183
E59	/	图 14-197
E6/E7	/	图 14-196
E60	E60*1B	图 14-183
E61	/	图 14-198
E62	E62*1B	图 14-183
E63b	E63*1B	图 14-162
E65	E397*1B	图 14-32
E6539（B48）	E357*1B	图 14-199

部件编号	插头编号	图号
E6539（B58）	E357*1B	图 14-200
E67	E67*1B/E67*2B	图 14-197
E68b	E68*1B	图 14-201
E69a	E69*1B	图 14-172
E70	E70*1B	图 14-202
E76	E76*1B	图 14-203
E77	E77*1B	图 14-204
E78	E78*1B	图 14-205
E79	E79*1B	图 14-206
E80	E80*1B	图 14-171
E81	E81*1B	图 14-207
E82	E82*1B	图 14-172
E84	E84*2B	图 14-208
E86	E86*1B	图 14-180
E86	E86_26/E86_33	图 14-209
E86	E86_1/E86_14/E86_32	图 14-210
E89/E90/E91	/	图 14-211
E98	E98*1B	图 14-57
F506	/	图 14-212
F508	/	图 14-212
G1	G1*1B/G1*2B	图 14-83
G2（B58）	G2*1B/G2*2B	图 14-213
H1	H1*1B	图 14-214
H2	H2*1B	图 14-215
H3	H3*1B	图 14-215
H6	H6*1B	图 14-216
I01002	A122*7B	图 14-3

部件编号	插头编号	图号
I01024/I01025	/	图 14-17
I01077	X06301	图 14-217
I01078	X06302	图 14-217
I01079	X06303	图 14-218
I01080	X06304	图 14-218
I01081	X06305	图 14-219
I01082	X06306	图 14-219
I01083	X06307	图 14-220
I01084	X06308	图 14-220
I01086/I01087	/	图 14-39
K1	K1*1B	图 14-221
K5	K5*2B	图 14-222
M111	M235*1B	图 14-223
M112	M237*1B	图 14-223
M113	M233*1B	图 14-223
M114	M239*1B	图 14-223
M116	M241*1B	图 14-224
M117	M247*1B	图 14-224
M118	M245*1B	图 14-224
M119	M243*1B	图 14-224
M12	M12*1B	图 14-225
M120	M236*1B	图 14-226
M121	M238*1B	图 14-226
M122	M234*1B	图 14-226
M123	M240*1B	图 14-226
M125	M242*1B	图 14-227
M126	M248*1B	图 14-227

部件编号	插头编号	图号
M127	M246*1B	图 14-227
M128	M244*1B	图 14-227
M137	X264*1B	图 14-228
M14	X95*1B	图 14-22
M142	X265*1B	图 14-229
M146	X266*1B	图 14-230
M151	X267*1B	图 14-231
M157	M157*1B	图 14-33
M16	M16*1B	图 14-232
M161	/	图 14-59
M161	M161*1B	图 14-163
M162	X413*1B	图 14-233
M163	X414*1B	图 14-234
M17	M17*1B	图 14-235
M19	M19*1B	图 14-33
M20a	M20*1B	图 14-236
M20a	M20*1B	图 14-237
M21	M21*1B	图 14-236
M21	M21*1B	图 14-237
M213	M213*1B	图 14-238
M214	M214*1B	图 14-239
M219	M219*1B	图 14-241
M22a	M22*1B	图 14-240
M220	M220*1B	图 14-242
M221	M221*1B	图 14-243
M222	M222*1B	图 14-244
M223	M223*1B	图 14-243

部件编号	插头编号	图号
M224	M224*1B	图 14-244
M227	M227*1B	图 14-243
M228	M228*1B	图 14-244
M22a	M22*1B	图 14-232
M23a	M23*1B	图 14-236
M23a	M23*1B	图 14-237
M24a	M24*1B	图 14-240
M25	M25*1B	图 14-245
M251（B48）	M251*1B	图 14-247
M251（B58）	M251*1B	图 14-246
M253（B48）	M253*1B	图 14-248
M253（B58）	M253*1B	图 14-249
M26a	N2*1B	图 14-250
M27b	M27*1B	图 14-252
M287	M287*1B	图 14-252
M28a	M28*1B	图 14-240
M29	M212*1B	图 14-239
M293	M293*1B	图 14-251
M3	M3*1B	图 14-253
M31	M31*1B	图 14-254
M35	M35*1B	图 14-255
M36	M218*1B	图 14-256
M36a	M218*2B	图 14-256
M37	M230*1B	图 14-257
M38	/	图 14-258
M43	/	图 14-13
M45	M45*1B	图 14-259

部件编号	插头编号	图号
M46	M211*1B	图 14-238
M48	M48*1B	图 14-253
M52	M210*1B	图 14-153
M54	M229*1B	图 14-260
M56	M209*1B	图 14-132
M57	M57*1B	图 14-261
M61	M61*1B	图 14-240
M61	M61*1B	图 14-232
M62a	M62*1B	图 14-236
M6353a（B48）	M282*1B	图 14-130
M6353a（B58）	M282*1B	图 14-149
M69	M69*1B	图 14-240
M69	M69*1B	图 14-232
M7	M7*1B	图 14-240
M7	M7*1B	图 14-232
M71	M71*1B	图 14-262
M72	M72*1B	图 14-263
M73	M217*1B	图 14-264
M73a	M217*2B	图 14-264
M8	M8*1B	图 14-237
M80	M80*1B	图 14-262
M81a	M81*1B	图 14-265
M83a	M83*1B	图 14-240
M83a	M83*1B	图 14-232
M84a	M84*1B	图 14-236
M87	M87*1B	图 14-266
M89	M89*1B	图 14-267

部件编号	插头编号	图号
M9	M9*1B	图 14-236
M9	M9*1B	图 14-237
M90	M90*1B	图 14-268
M91	M91*1B	图 14-245
M92	M92*1B/M92*2B	图 14-269
M92（B48）	M92*1B/M92*2B	图 14-270
M93a	M93*1B	图 14-99
M94	M205*1B	图 14-99
N10	N10*1B/N10*2B	图 14-271
N4	N4*1B~N4*3B	图 14-258
N7	N7*1B~N7*3B	图 14-272
R2a	R2*1B	图 14-275
R3	R3*1B	图 14-142
R4a	R4*1B	图 14-15
R6	R6*1B	图 14-275
R7a	R7*1B	图 14-274
S1	S1*1B	图 14-273
S13	S13*1B	图 14-276
S15	S15*1B/S15*2B	图 14-277
S153	S153*1B	图 14-278
S154	S154*1B	图 14-279
S17	S17*1B	图 14-280
S170a	S136*1B/S137*1B	图 14-281
S178	S178*1B	图 14-282
S178	S178*1B	图 14-283
S179	S179*1B	图 14-284
S180	S180*2B	图 14-2

部件编号	插头编号	图号
S19	S19*1B	图 14-282
S19	S19*1B	图 14-283
S21	S21*1B	图 14-285
S23	S23*1B	图 14-284
S24	S24*1B	图 14-286
S25	S25*1B	图 14-287
S29	S29*1B	图 14-288
S3	S3*1B	图 14-282
S3	S3*2B	图 14-283
S30	S30*1B/S30*2B	图 14-289
S31	S31*1B	图 14-202
S34	S34*1B	图 14-291
S35	S35*1B	图 14-282
S35	S35*1B	图 14-283
S36	S36*1B	图 14-284
S38	S38*1B	图 14-290
S40	S40*1B/S40*2B	图 14-292
S43	S43*1B	图 14-169
S44	S44*1B	图 14-293
S45	S45*2B	图 14-72
S48	X12*1B	图 14-294
S49	S49*1B/S49*2B	图 14-295
S52	S52*2B	图 14-72
S63	S63*1B	图 14-2
S69	S69*2B	图 14-72
S7	X14*1B	图 14-296
S76	S76*1B	图 14-297

部件编号	插头编号	图号
S77	S77*1B	图 14-297
S79a	S79*1B	图 14-298
S80a	S80*1B	图 14-300
S81	/	图 14-301
S82	/	图 14-302
S87	SB7*1B/S87*2B	图 14-303
S88	S88*1B	图 14-297
S90	S90*1B	图 14-299
S93a	/	图 14-304
S94	S94*1B	图 14-305
S96a	S96*2B	图 14-306
S97a	S97*2B	图 14-306
T6151~T6154（B48）	T8*1B~T11*1B	图 14-307
T6151~T6156（B58）	T8*1B~T13*1B	图 14-308
X103	X103*2B	图 14-176
X104	X104*2B	图 14-176
X105	X105*2B	图 14-309
X13	X13*1B	图 14-310
X17	X17*1B	图 14-311
X3a	X3*1B	图 14-312
X3a	X3*2B	图 14-313
X6	X6*1B	图 14-314
X7a	X7*1B	图 14-315
X98	X98*1B	图 14-316
Y1	Y1*1B	图 14-317
Y137（B48）	Y137*1B	图 14-318
Y165（B48）	Y165*1B	图 14-124

部件编号	插头编号	图号
Y165（B58）	Y165*1B	图 14-150
Y21	Y21*1B	图 14-319
Y25	M6*1B/M6*2B	图 14-320
Y25	Y25*1B	图 14-321
Y27	Y27*1B	图 14-322
Y30	Y30*1B	图 14-323
Y31	Y31*1B	图 14-324
Y32	Y32*1B	图 14-280
Y42a	Y42*1B	图 14-325
Y44	Y44*2B/Y44*3B	图 14-96
Y45	Y45*2B/Y45*3B	图 14-95
Y46	Y46*1B~Y46*3B	图 14-326
Y47	Y47*1B~Y47*3B	图 14-327
Y6101~Y6104（B48）	Y178*1B~Y181*1B	图 14-328
Y6101~Y6106（B58）	Y178*1B~Y183*1B	图 14-329
Y6120（B48）	Y193*1B	图 14-148
Y6120（B58）	Y193*1B	图 14-330
Y6270a（B48）	Y194*1B	图 14-331
Y6271a（B48）	Y195*1B	图 14-331
Y6390（B48）	Y176*1B	图 14-109
Y6390（B58）	Y176*1B	图 14-110
Y6538（B48）	Y190*1B	图 14-111
Y6538（B58）	Y190*1B	图 14-112
Y6720a（B58）	Y105*1B	图 14-332
Y73	Y73*1B	图 14-241
Y74	Y74*1B	图 14-242
Y84（B48）	Y84*1B	图 14-107

部件编号	插头编号	图号
Y84（B58）	Y84*1B	图 14-108
Y9	Y9*1B	图 14-333
Z10	Z10*46B/Z10*47B	图 14-274
Z10	Z10*48B	图 14-142
Z10	Z10*10B/Z10*12B	图 14-334
Z10	Z10*3B/Z10*5B/Z10*11B	图 14-335
	Z10*2B/Z10*15B	图 14-336
	Z10*4B/Z10*32B/Z10*44B	图 14-337
	Z10*1B	图 14-338
	Z10*13B/Z10*18B/Z10*19B/Z10*42B	图 14-339
	Z10*8B	图 14-340
Z11（B48）	Z11*1B~Z11*6B	图 14-341
Z11（B58）	Z11*1B~Z11*6B	图 14-342
Z19	Z19*1B/Z19*2B	图 14-308
Z2a	Z2*1B/Z2*4B~Z2*7B	图 14-343
Z3	Z3*1B~Z3*3B/Z3*9B~Z3*11B/Z3*16B	图 14-344
Z3	Z3*13B	图 14-345
Z4	Z4*7B/Z4*8B/Z4*10B	图 14-346
Z4	Z4*1B~Z4*4B	图 14-347
Z4	F400/F401/F407	图 14-348
Z4	F402/F404/F406	图 14-349
Z43	F101~F131	图 14-350
Z44	F20~F41	图 14-351
Z44	F46~F95	图 14-352
Z44	Z44*1B/Z44*2B	图 14-353
Z45	Z45*1B/Z45*2B/Z45*4B	图 14-212
	Z6000*1B	图 14-354

部件编号	插头编号	图号
	B175*1B	图 14-326
	B174*1B	图 14-327
	X217*1B	图 14-355
	X0102~X0107	图 14-356
	X1605*1B	图 14-126
	X148*1B/X148*2B	图 14-357
	X4*1B/X149*1B/X149*2B	图 14-358
	Z10*16B	图 14-359
	X20*1B	图 14-360
	X14*1B	图 14-361
	X230*1B/X230*2B	图 14-361
	X12*1B	图 14-362
	X231*1B/X231*2B	图 14-362
	X0641~X0648	图 14-363
	X246*1B	图 14-364
	Z10*45B	图 14-365
	X258*1B	图 14-366
	X1511*1B/X1511*2B	图 14-367
	X1511*3B	图 14-368
	X06311~X06316	图 14-369
	X06310/X06317~X06319	图 14-220
	X06309/X06320~X06322	图 14-219
	X382*2B	图 14-370
	X13*1B	图 14-371
	X697*1B	图 14-371
	X16*1B	图 14-102
	X472*1V/X525*1V/X890*1V	图 14-372

部件编号	插头编号	图号
	X1432*1V	图 14-373
	X143*1V/X725*1V	图 14-374
	X1314*1V/X1314*2V	图 14-375
	X221*1V	图 14-376
	X40*1V/X46*1V/X307*1V	图 14-216
	Z10*7B	图 14-377
	Z10*20B/Z10*58B	图 14-378
	X382*1B	图 14-379
	X434*1B/X434*2B	图 14-380
	Z10*29B	图 14-381
	X212*1V/X212*2V	图 14-382
	X329*1V/X503*1V/X503*2V	图 14-383
	X581*1V	图 14-384
	X612*1V	图 14-385
	X107*1V/X109*1V/X378*1V/X1273*1V/1392*1V/X1601*1V	图 14-386
	X65*1V/X66*1V	图 14-387
	X639*1V/X641*1V/X827*1V/X828*1V	图 14-388
	X640*1V/X642*1V/X857*1V/X858*1V	图 14-389
	X1606*1V	图 14-390
	X203*1V/X203*2V	图 14-391
	X402*1V/X1467*1V	图 14-392
	X232*1V/X1691*1V	图 14-393
	X484*1V	图 14-394
	X0102~X0106	图 14-395
	X28*1B/X47*1V/X83*1V/X108*1V/X117*1V/X140*1V/X141*1V	图 14-396

部件编号	插头编号	图号
	X5*1B/X49*1V/X57*1V/X84*1V/X118*1V/X119*1V/X137*1V/X550*1V	图 14-397
	X8*1B/X50*1V/X120*1V/X330*1V/X1323*1V/X1374*1V	图 14-398
	X9*1B/X51*1V/X315*1V/X460*1V/X616*1V/X1324*1V	图 14-399
	X625*1B/X1417*1V/X1419*1V/X1421*1V	图 14-223
	X626*1B/X1418*1V/X1420*1V/X1422*1V	图 14-226
	X627*1V/X629*1V/X631*1V	图 14-224
	X628*1V/X630*1V/X632*1V	图 14-227
	X1499*1B	图 14-228
	X1500*1B	图 14-230
	X200*1B	图 14-400
	Z10*9B	图 14-320
	X116*1V	图 14-401
	X1357*1V/X1548*1V/X1548*2V	图 14-402
	X63*1V/X65*1V/X559*1V/X1690*1V	图 14-403
	X242*1V/X310*1V/X346*1V/X347*1V/X351*1V	图 14-404
	X48*1V/X56*1V/X160*1V/X227*1V/X322*1V/X328*1V/X710*1V/X800*1V/X810*1V	图 14-405
	X311*1V/X403*1V/X404*1V/X706*1V/X1281*1V/X1329*1V/X1516*1V/X1536*1V	图 14-406
	X125*1V/X309*1V/X605*1V/X1379*1V/X1791*1V	图 14-407
	X192*1V/X255*1V	图 14-408

电气系统元件及连接器位置如图 14-1～图 14-408 所示。

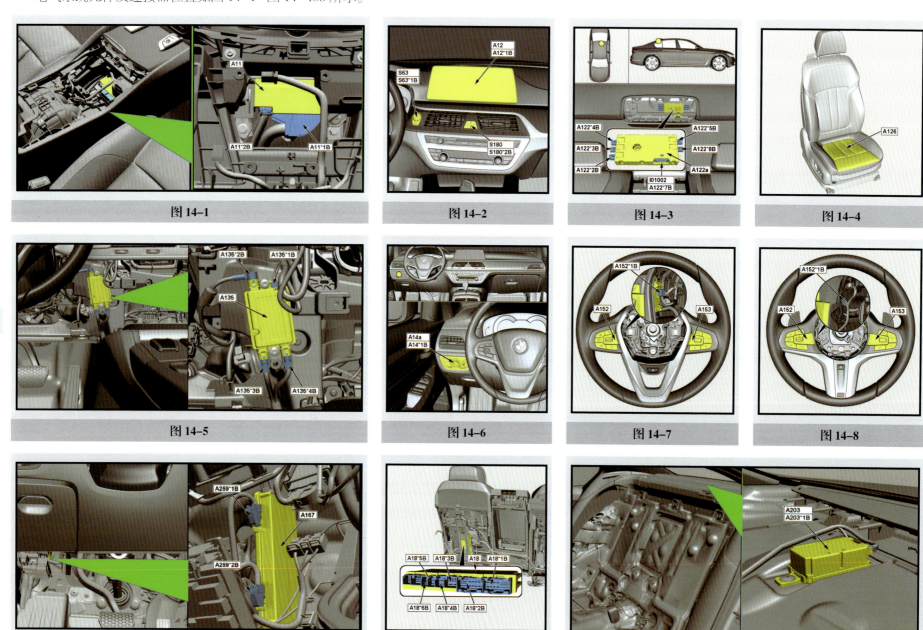

图 14-1

图 14-2

图 14-3

图 14-4

图 14-5

图 14-6

图 14-7

图 14-8

图 14-9

图 14-10

图 14-11

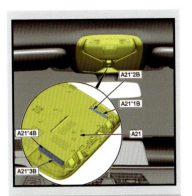

图 14-12

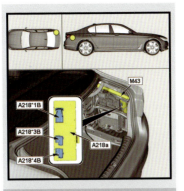

图 14-13

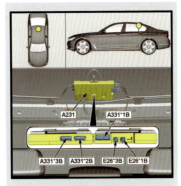

图 14-14

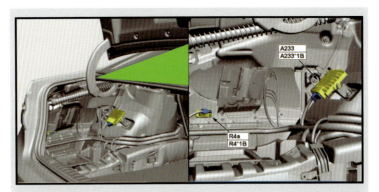

图 14-15

图 14-16

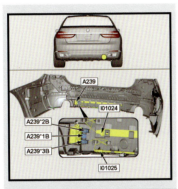

图 14-17

图 14-18

图 14-19

图 14-20

169

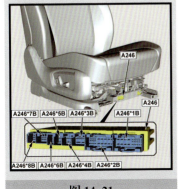

图 14-21

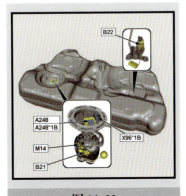

图 14-22

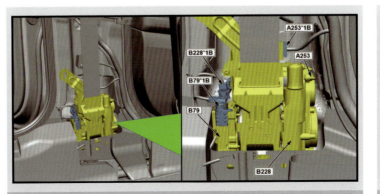

图 14-23

图 14-24

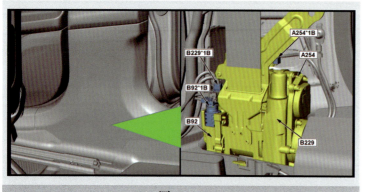

图 14-25

图 14-26

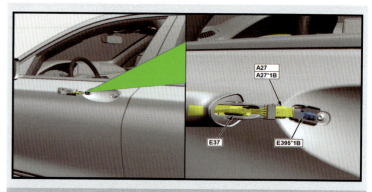

图 14-27

图 14-28

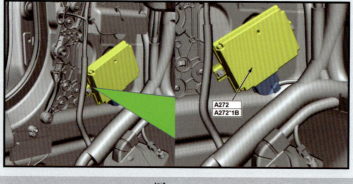

图 14-29

图 14-30

图 14-31

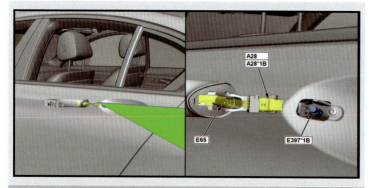

图 14-32

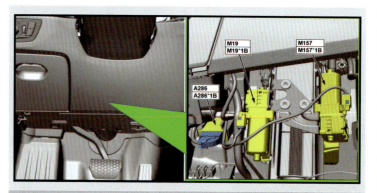

图 14-33

图 14-34

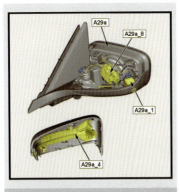

图 14-35

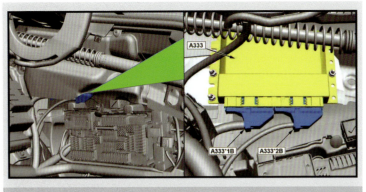

图 14-36

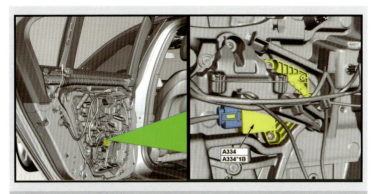

图 14-37

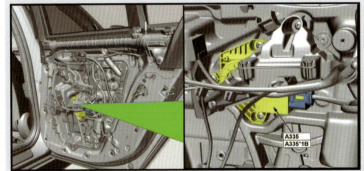

图 14-38

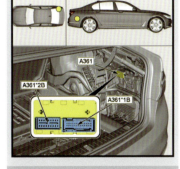

图 14-39

图 14-40

图 14-41

图 14-42

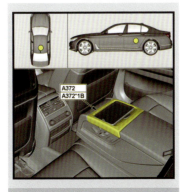

图 14-43

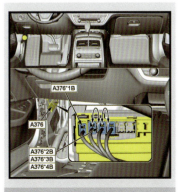

图 14-44

图 14-45

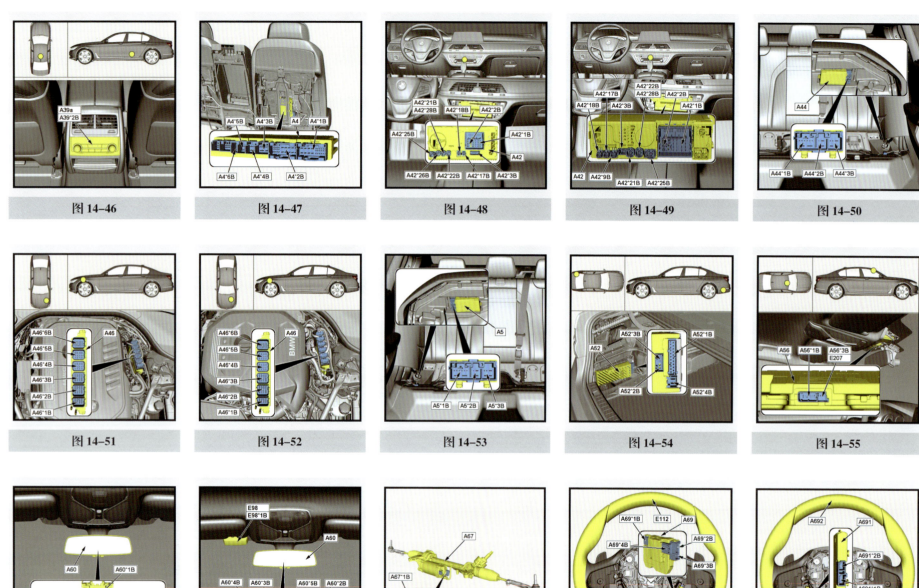

图 14-46

图 14-47

图 14-48

图 14-49

图 14-50

图 14-51

图 14-52

图 14-53

图 14-54

图 14-55

图 14-56

图 14-57

图 14-58

图 14-59

图 14-60

图 14-61

图 14-62

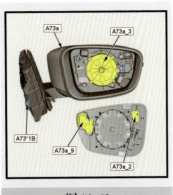

图 14-63

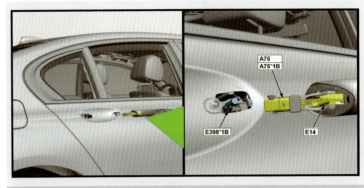

图 14-64

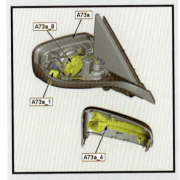

图 14-65

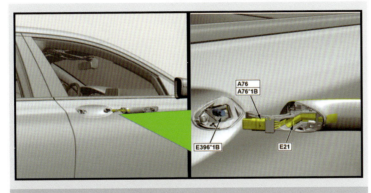

图 14-66

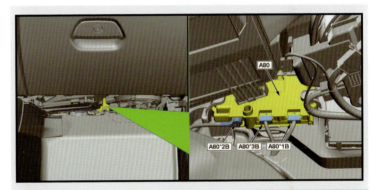

图 14-67

173

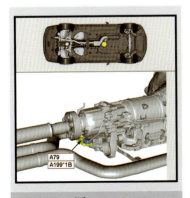

图 14-68

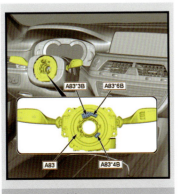

图 14-69

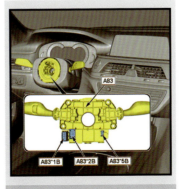

图 14-70

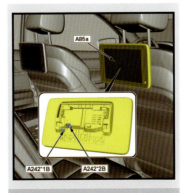

图 14-71

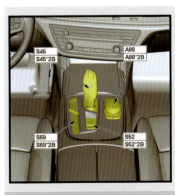

图 14-72

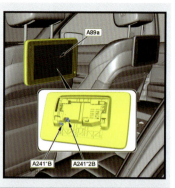

图 14-73

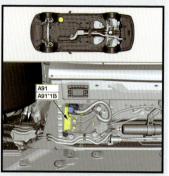

图 14-74

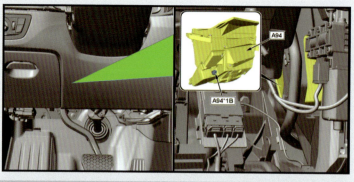

图 14-75

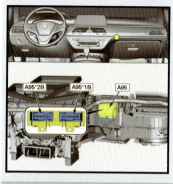

图 14-76

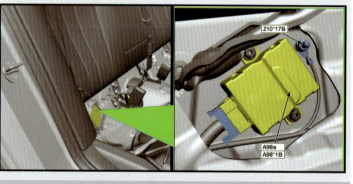

图 14-77

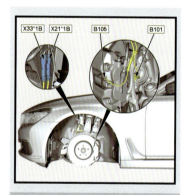

图 14-78

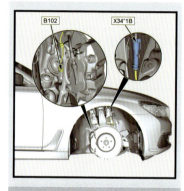

图 14-79

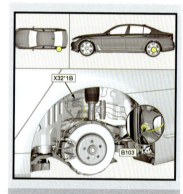

图 14-80

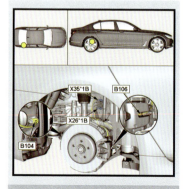

图 14-81

图 14-82

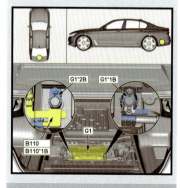

图 14-83

图 14-84

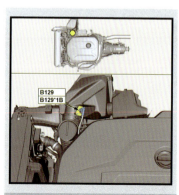

图 14-85

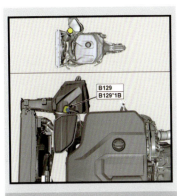

图 14-86

图 14-87

图 14-88

图 14-89

图 14-90

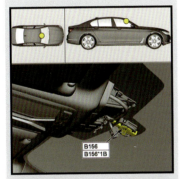

图 14-91

图 14-92

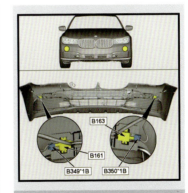

图 14-93

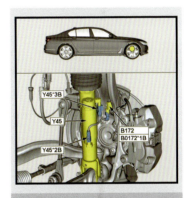

图 14-94

图 14-95

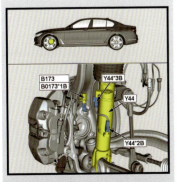

图 14-96

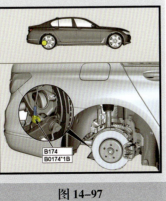

图 14-97

图 14-98

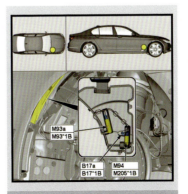

图 14-99

图 14-100

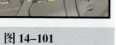

图 14-101

图 14-102

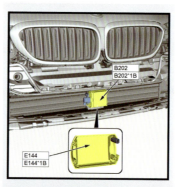

图 14-103

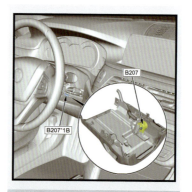

图 14-104

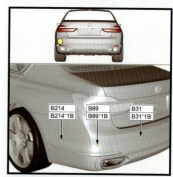

图 14-105

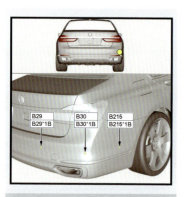

图 14-106

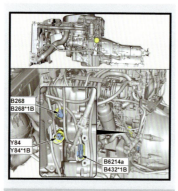

图 14-107

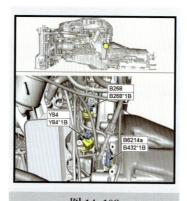

图 14-108

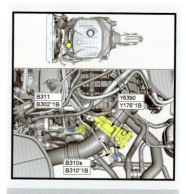

图 14-109

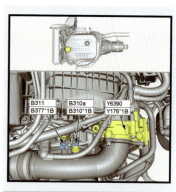

图 14-110

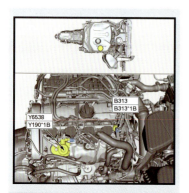

图 14-111

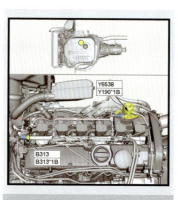

图 14-112

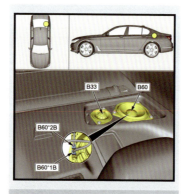

图 14-113

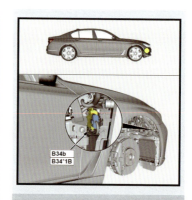

图 14-114

图 14-115

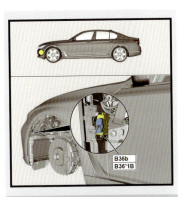

图 14-116

图 14-117

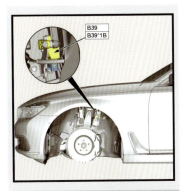

图 14-118

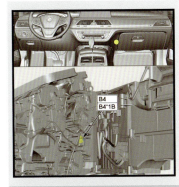

图 14-119

图 14-120

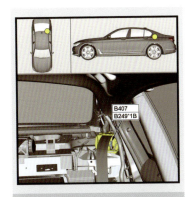

图 14-121

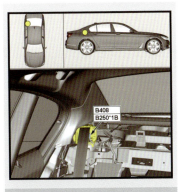

图 14-122

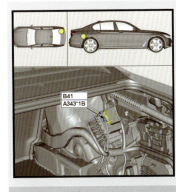

图 14-123

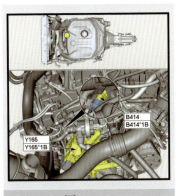

图 14-124

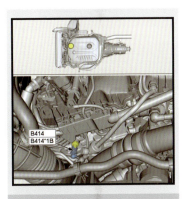

图 14-125

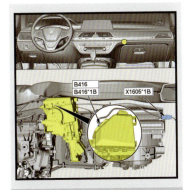

图 14-126

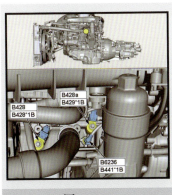

图 14-127

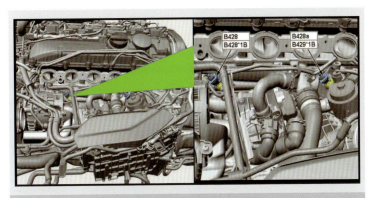

图 14-128

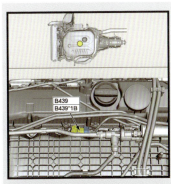

图 14-129

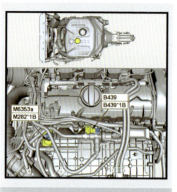

图 14-130

图 14-131

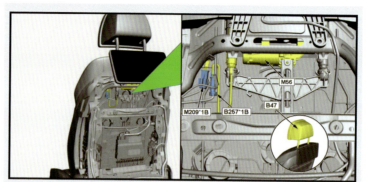

图 14-132

图 14-133

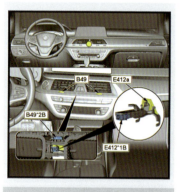

图 14-134

图 14-135

图 14-136

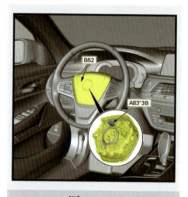

图 14-137

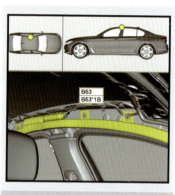

图 14-138

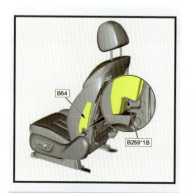

图 14-139

图 14-140

图 14-141

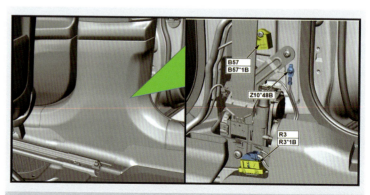

图 14-142

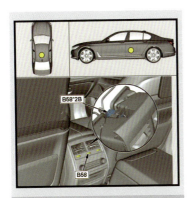

图 14-143

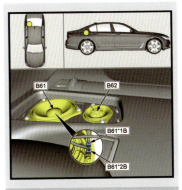

图 14-144

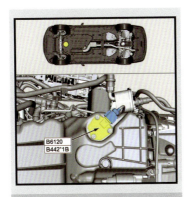

图 14-145

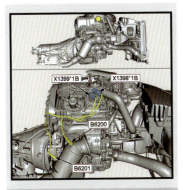

图 14-146

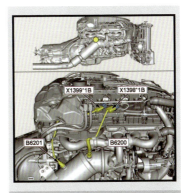

图 14-147

图 14-148

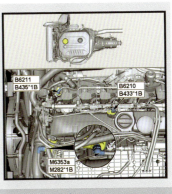

图 14-149

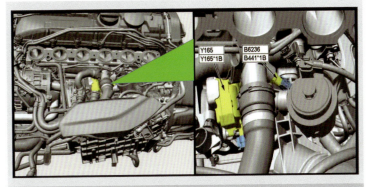

图 14-150

图 14-151

179

图 14-152

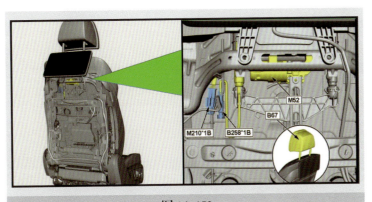

图 14-153

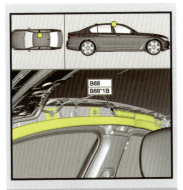

图 14-154

图 14-155

图 14-156

图 14-157

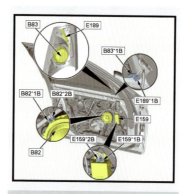

图 14-158

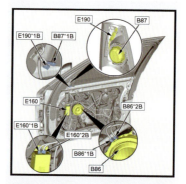

图 14-159

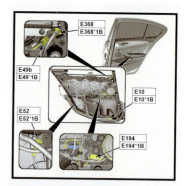

图 14-160

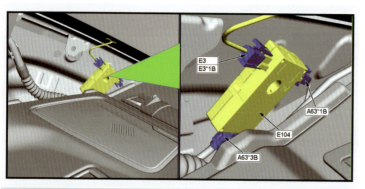

图 14-161

图 14-162

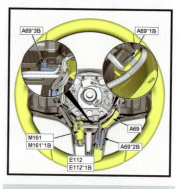

图 14-163

图 14-164

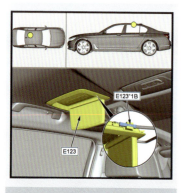

图 14-165

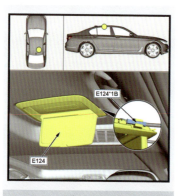

图 14-166

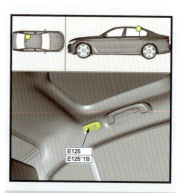

图 14-167

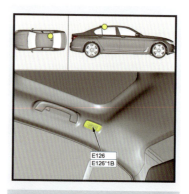

图 14-168

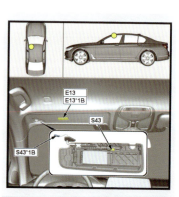

图 14-169

图 14-170

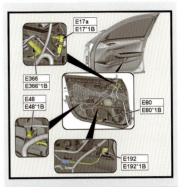

图 14-171

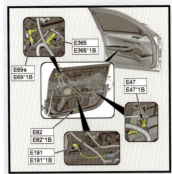

图 14-172

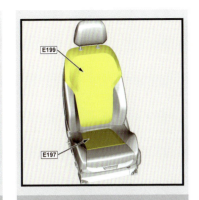

图 14-173

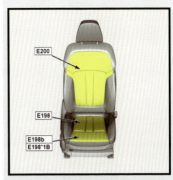

图 14-174

图 14-175

图 14-176

图 14-177

图 14-178

图 14-179

图 14-180

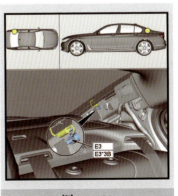

图 14-181

图 14-182

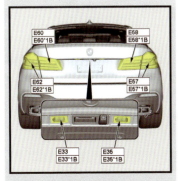

图 14-183

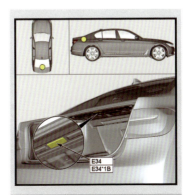

图 14-184

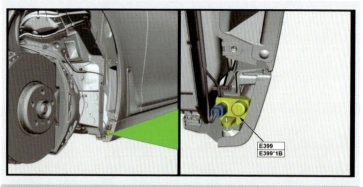

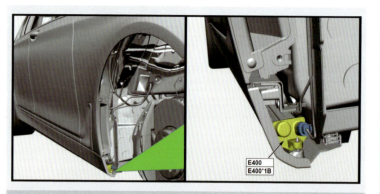

图 14-185   图 14-186   图 14-187

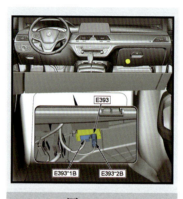

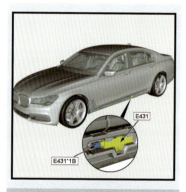

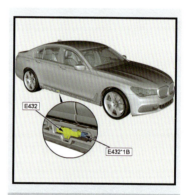

图 14-188   图 14-189   图 14-190   图 14-191   图 14-192

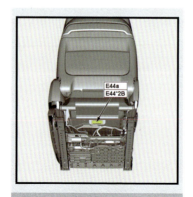

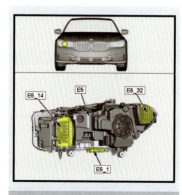

图 14-193   图 14-194   图 14-195   图 14-196   图 14-197

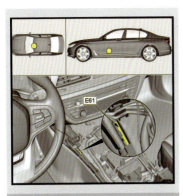

图 14-198

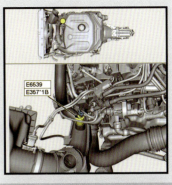

图 14-199

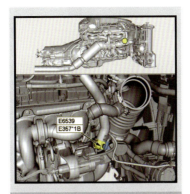

图 14-200

图 14-201

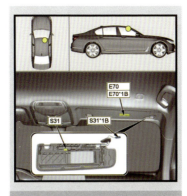

图 14-202

图 14-203

图 14-204

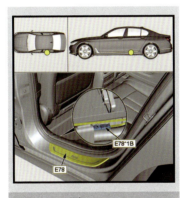

图 14-205

图 14-206

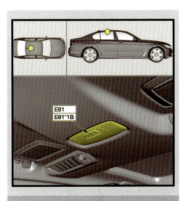

图 14-207

图 14-208

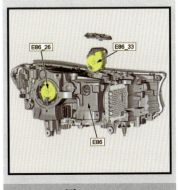

图 14-209

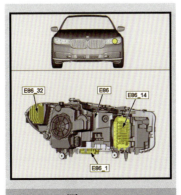

图 14-210

图 14-211

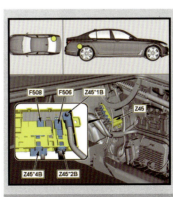

图 14-212

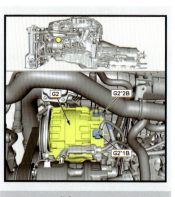

图 14-213

图 14-214

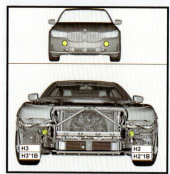

图 14-215

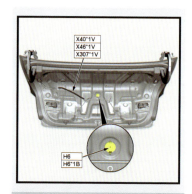

图 14-216

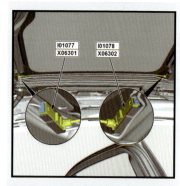

图 14-217

图 14-218

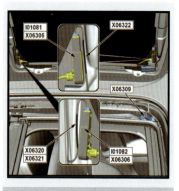

图 14-219

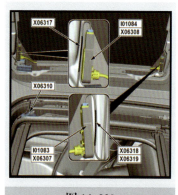

图 14-220

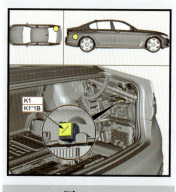

图 14-221

图 14-222

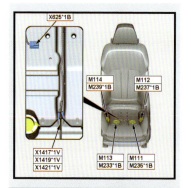

图 14-223

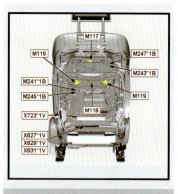

图 14-224

图 14-225

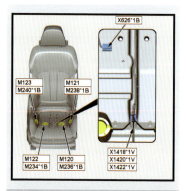

图 14-226

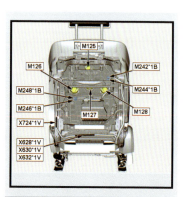

图 14-227

图 14-228

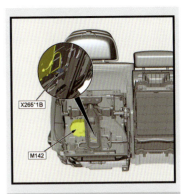

图 14-229

图 14-230

图 14-231

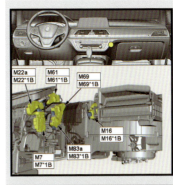

图 14-232

图 14-233

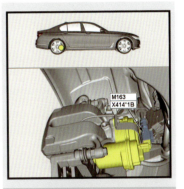

图 14-234

图 14-235

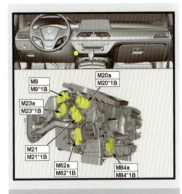

图 14-236

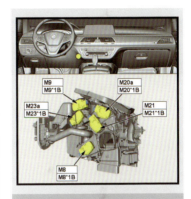

图 14-237

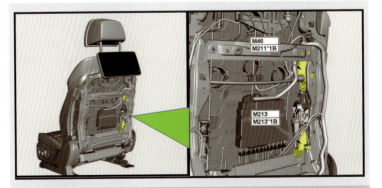

图 14-238

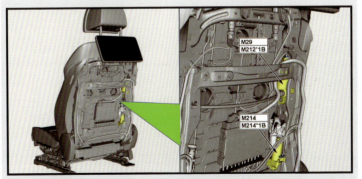

图 14-239

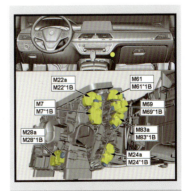

图 14-240

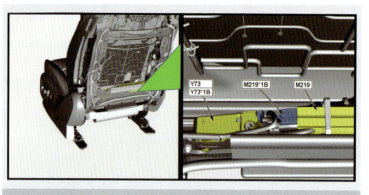

图 14-241

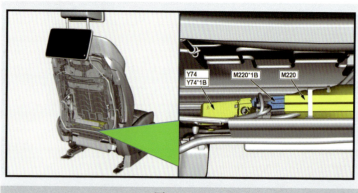

图 14-242

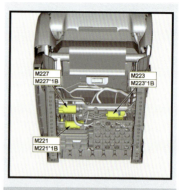

图 14-243

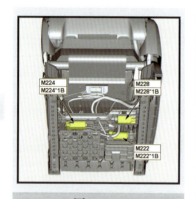

图 14-244

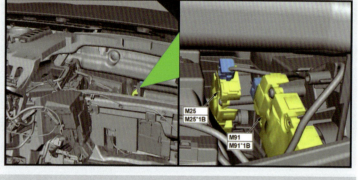

图 14-245

图 14-246

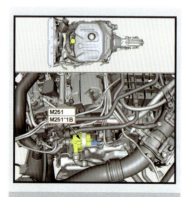

图 14-247

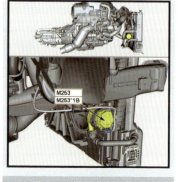

图 14-248

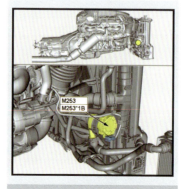

图 14-249

图 14-250

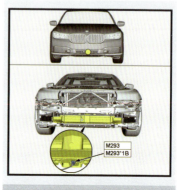

图 14-251

图 14-252

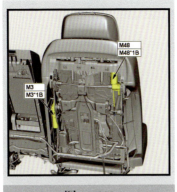

图 14-253

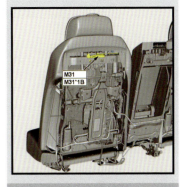

图 14-254

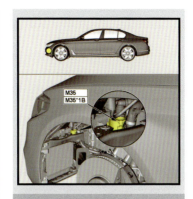

图 14-255

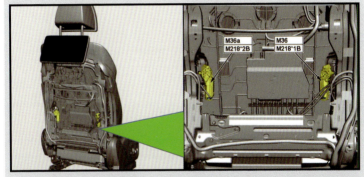

图 14-256

图 14-257

图 14-258

187

图 14-259

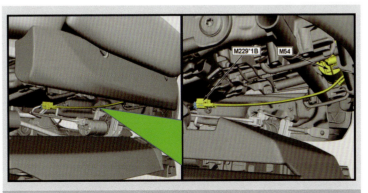

图 14-260

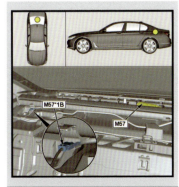

图 14-261

图 14-262

图 14-263

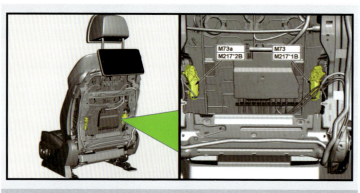

图 14-264

图 14-265

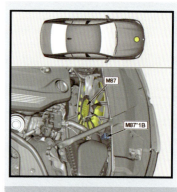

图 14-266

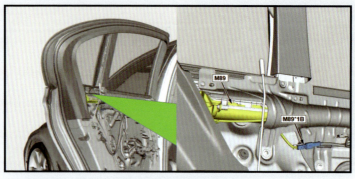

图 14-267

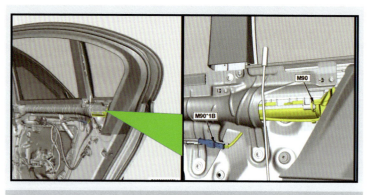

图 14-268

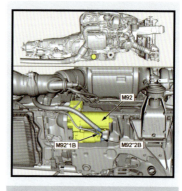

图 14-269

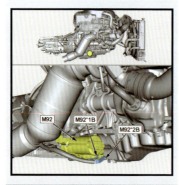

图 14-270

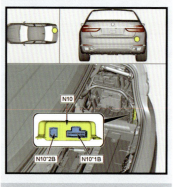

图 14-271

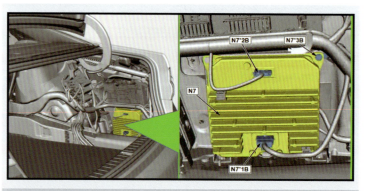

图 14-272

图 14-273

图 14-274

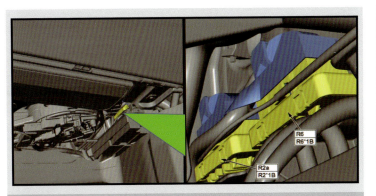

图 14-275

图 14-276

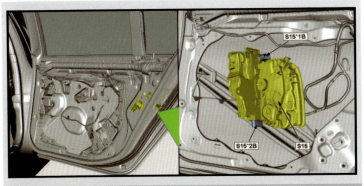

图 14-277

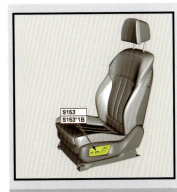

图 14-278

图 14-279

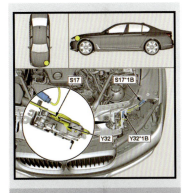

图 14-280

189

图 14-281

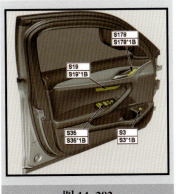

图 14-282

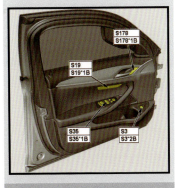

图 14-283

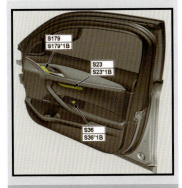

图 14-284

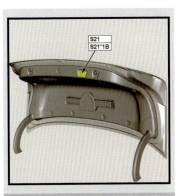

图 14-285

图 14-286

图 14-287

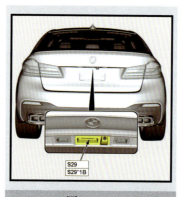

图 14-288

图 14-289

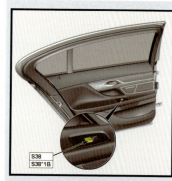

图 14-290

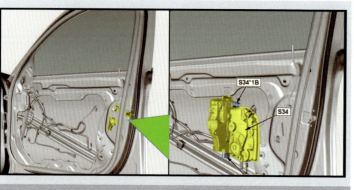

图 14-291

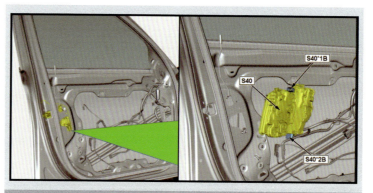

图 14-292

图 14-293

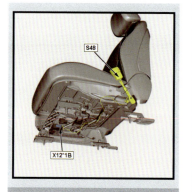

图 14-294

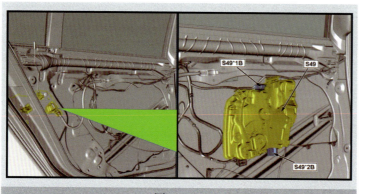

图 14-295

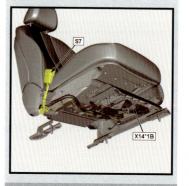

图 14-296

图 14-297

图 14-298

图 14-299

图 14-300

图 14-301

图 14-302

图 14-303

图 14-304

图 14-305

图 14-306

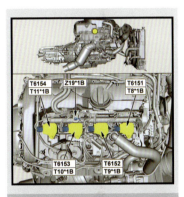

图 14-307

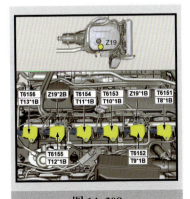

图 14-308

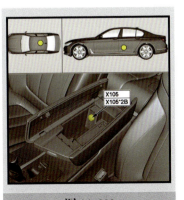

图 14-309

图 14-310

图 14-311

图 14-312

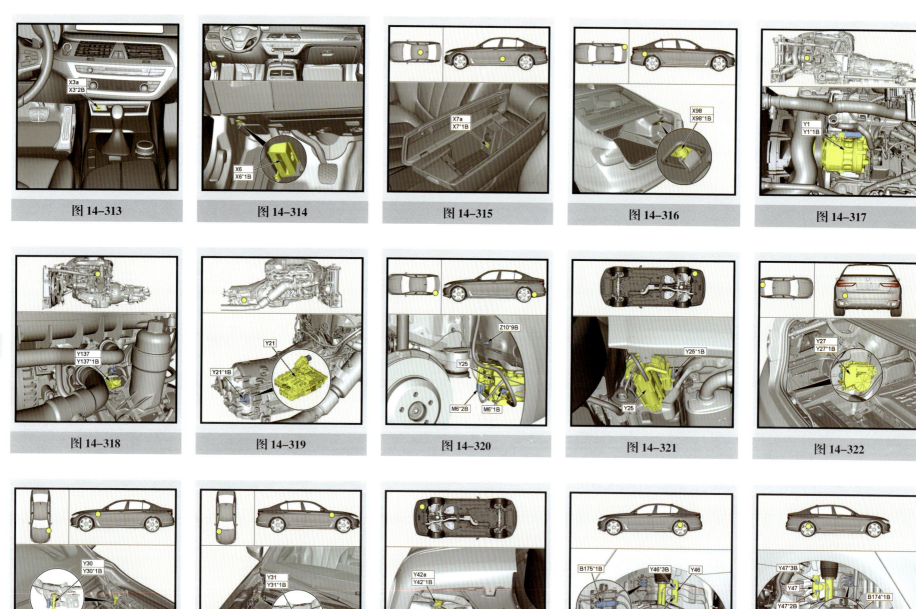

图 14-313　　　　图 14-314　　　　图 14-315　　　　图 14-316　　　　图 14-317

图 14-318　　　　图 14-319　　　　图 14-320　　　　图 14-321　　　　图 14-322

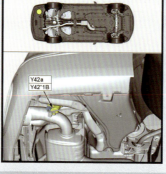
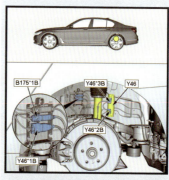
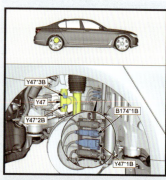

图 14-323　　　　图 14-324　　　　图 14-325　　　　图 14-326　　　　图 14-327

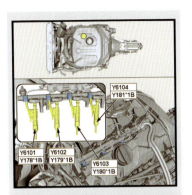

Y6104
Y181*1B

Y6101
Y178*1B

Y6102
Y179*1B

Y6103
Y180*1B

图 14-328

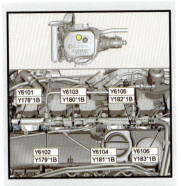

Y6101
Y178*1B

Y6103
Y180*1B

Y6105
Y182*1B

Y6102
Y179*1B

Y6104
Y181*1B

Y6106
Y183*1B

图 14-329

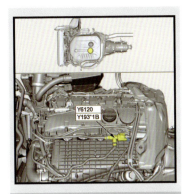

Y6120
Y193*1B

图 14-330

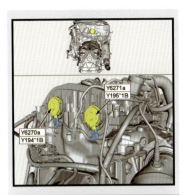

Y6271a
Y195*1B

Y6270a
Y194*1B

图 14-331

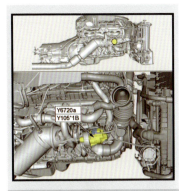

Y6720a
Y105*1B

图 14-332

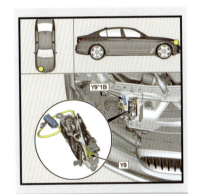

Y9*1B

Y9

图 14-333

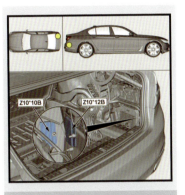

Z10*10B

Z10*12B

Z10*5B

Z10*11B

图 14-334

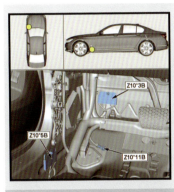

Z10*3B

Z10*5B

Z10*11B

图 14-335

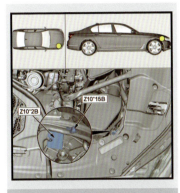

Z10*2B

Z10*15B

图 14-336

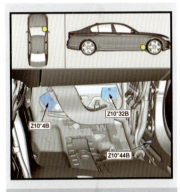

Z10*32B

Z10*4B

Z10*44B

图 14-337

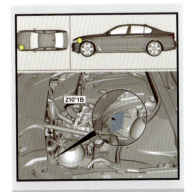

Z10*1B

图 14-338

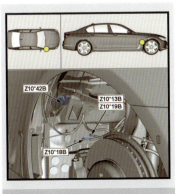

Z10*42B

Z10*13B
Z10*19B

Z10*18B

图 14-339

Z10*8B

图 14-340

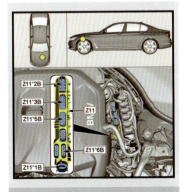

Z11*2B

Z11*3B

Z11*5B

Z11

Z11*6B

Z11*1B

图 14-341

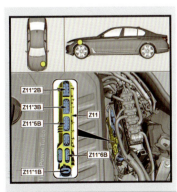

Z11*2B

Z11*3B

Z11*5B

Z11

Z11*6B

Z11*1B

图 14-342

193

194

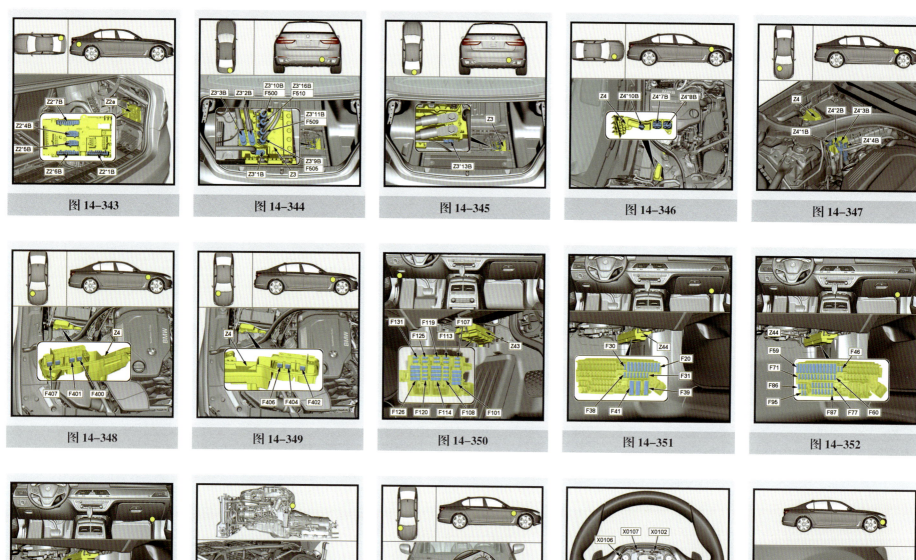

图 14-343　　　　图 14-344　　　　图 14-345　　　　图 14-346　　　　图 14-347

图 14-348　　　　图 14-349　　　　图 14-350　　　　图 14-351　　　　图 14-352

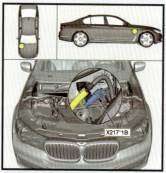
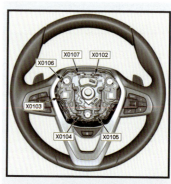
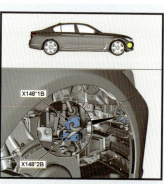

图 14-353　　　　图 14-354　　　　图 14-355　　　　图 14-356　　　　图 14-357

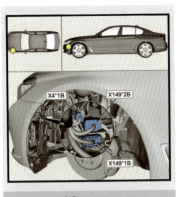

图 14-358

图 14-359

图 14-360

图 14-361

图 14-362

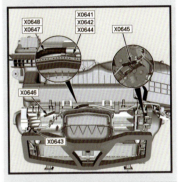

图 14-363

图 14-364

图 14-365

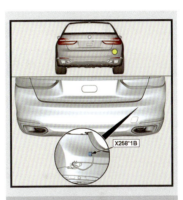

图 14-366

195

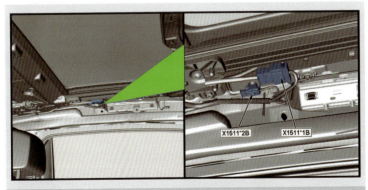

图 14-367

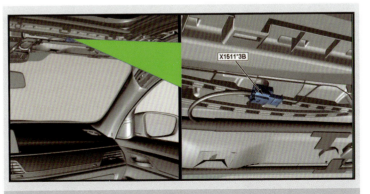

图 14-368

图 14-369

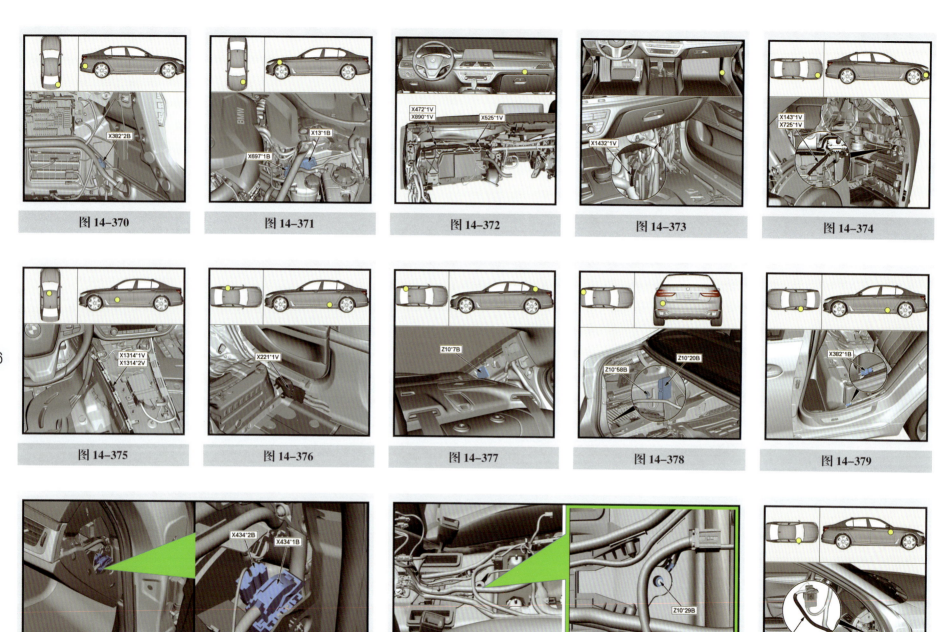

图 14-370

图 14-371

图 14-372

图 14-373

图 14-374

图 14-375

图 14-376

图 14-377

图 14-378

图 14-379

图 14-380

图 14-381

图 14-382

图 14-383

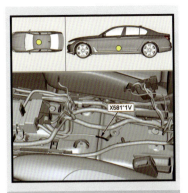

图 14-384

图 14-385

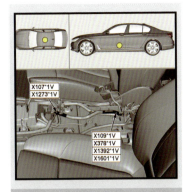

图 14-386

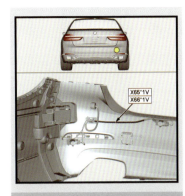

图 14-387

图 14-388

图 14-389

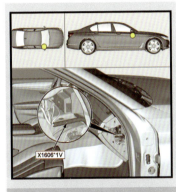

图 14-390

图 14-391

图 14-392

图 14-393

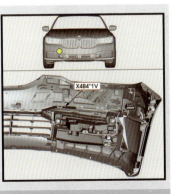

图 14-394

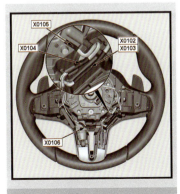

图 14-395

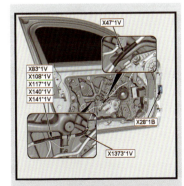

图 14-396

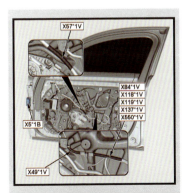

图 14-397

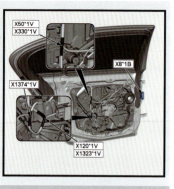

图 14-398

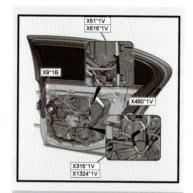

图 14-399

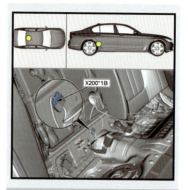

图 14-400

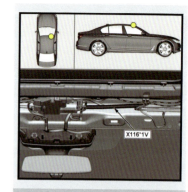

图 14-401

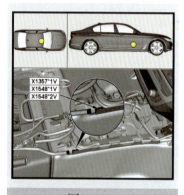

图 14-402

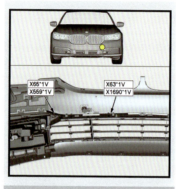

图 14-403

图 14-404

图 14-405

图 14-406

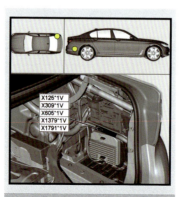

图 14-407

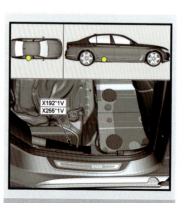

图 14-408

第十五章　电气系统元件连接器端子

电气系统元件连接器端子索引如表 15-1 所示。

表 15-1　端子索引说明

插头编号	图号	插头编号	图号
A11*1B	图 15-6	A241*1B	图 15-44
A11*2B	图 15-7	A245*1B	图 15-1
A12*1B	图 15-8	A245*2B	图 15-2
A125*1B	图 15-43	A245*3B	图 15-3
A14*1B	图 15-9	A245*4B	图 15-4
A152*1B	图 15-44	A245*5B	图 15-94
A18*1B	图 15-1	A245*6B	图 15-5
A18*2B	图 15-2	A245*8B	图 15-50
A18*3B	图 15-3	A246*2B	图 15-2
A18*4B	图 15-4	A246*3B	图 15-3
A18*5B	图 15-94	A246*4B	图 15-4
A199*1B	图 15-45	A246*5B	图 15-94
A203*1B	图 15-35	A246*6B	图 15-5
A21*1B	图 15-10	A246*8B	图 15-50
A21*2B	图 15-11	A248*1B	图 15-52
A21*3B	图 15-12	A253*1B	图 15-53
A21*4B	图 15-12	A254*1B	图 15-53
A210*1B	图 15-46	A258*10B	图 15-38
A218*1B	图 15-47	A258*2B	图 15-16
A233*1B	图 15-48	A258*3B	图 15-54
A236*1B	图 15-25	A258*4B	图 15-55
A236*3B	图 15-41	A258*5B	图 15-48
A239*1B	图 15-49	A258*6B	图 15-56
A24*1B	图 15-13	A258*7B	图 15-57

插头编号	图号
A258*8B	图 15—58
A258*9B	图 15—59
A259*1B	图 15—18
A259*2B	图 15—18
A27*1B	图 15—14
A271*1B	图 15—62
A272*1B	图 15—41
A272*2B	图 15—41
A279*1B	图 15—63
A28*1B	图 15—14
A280*1B	图 15—63
A286*1B	图 15—64
A29*1B	图 15—15
A331*1B	图 15—65
A331*2B	图 15—35
A333*1B	图 15—66
A334*1B	图 15—63
A335*1B	图 15—63
A340*1B	图 15—67
A343*1B	图 15—41
A345*1B	图 15—44
A361*1B	图 15—41
A361*2B	图 15—68
A37*1B	图 15—16
A371*1B	图 15—41
A372*1B	图 15—35
A376*1B	图 15—69
A376*2B	图 15—70

插头编号	图号
A376*3B	图 15—70
A376*4B	图 15—70
A38*1B	图 15—17
A38*3B	图 15—8
A38*4B	图 15—8
A38*5B	图 15—70
A39*2B	图 15—18
A4*1B	图 15—1
A4*2B	图 15—2
A4*3B	图 15—3
A4*4B	图 15—4
A4*5B	图 15—94
A4*6B	图 15—5
A402*1B	图 15—71
A402*2B	图 15—65
A403*1B	图 15—16
A403*2B	图 15—65
A404*1B	图 15—48
A42*1B	图 15—19
A42*2B	图 15—20
A42*3B	图 15—65
A44*1B	图 15—3
A46*1B	图 15—21
A46*2B	图 15—22
A46*4B	图 15—23
A46*5B	图 15—23
A46*6B	图 15—24
A463*1B	图 15—22

插头编号	图号
A5*1B	图 15-3
A52*1B	图 15-25
A52*3B	图 15-26
A56*1B	图 15-27
A60*1B	图 15-28
A60*2B	图 15-29
A60*4B	图 15-9
A67*1B	图 15-30
A67*2B	图 15-31
A69*1B	图 15-44
A69*2B	图 15-9
A69*4B	图 15-32
A71*1B	图 15-33
A71*3B	图 15-8
A73*1B	图 15-15
A75*1B	图 15-14
A76*1B	图 15-14
A80*1B	图 15-35
A80*3B	图 15-36
A83*1B	图 15-37
A83*2B	图 15-38
A83*3B	图 15-39
A83*4B	图 15-9
A83*5B	图 15-32
A83*6B	图 15-35
A88*2B	图 15-9
A91*1B	图 15-40
A95*1B	图 15-41

插头编号	图号
A98*1B	图 15-42
B11*1B	图 15-74
B129*1B	图 15-81
B13*1B	图 15-73
B14*1B	图 15-44
B149*1B	图 15-77
B15*1B	图 15-44
B150*1B	图 15-77
B156*1B	图 15-44
B158*1B	图 15-76
B159*1B	图 15-76
B18*1B	图 15-75
B202*1B	图 15-82
B214*1B	图 15-76
B215*1B	图 15-76
B24*1B	图 15-76
B26*1B	图 15-76
B268*1B	图 15-83
B27*1B	图 15-76
B29*1B	图 15-76
B30*1B	图 15-76
B302*1B	图 15-83
B31*1B	图 15-76
B313*1B	图 15-84
B34*1B	图 15-77
B344*1B	图 15-85
B35*1B	图 15-74
B36*1B	图 15-77

插头编号	图号
B37*1B	图 15-74
B377*1B	图 15-83
B38*1B	图 15-74
B416*1B	图 15-9
B432*1B	图 15-83
B433*1B	图 15-83
B435*1B	图 15-83
B437*1B	图 15-83
B439*1B	图 15-81
B442*1B	图 15-86
B48*1B	图 15-78
B49*2B	图 15-79
B58*2B	图 15-79
B63*1B	图 15-80
B64*1B	图 15-80
B7*1B	图 15-73
B81*1B	图 15-30
B89*1B	图 15-76
E10*1B	图 15-9
E11*1B	图 15-9
E112*1B	图 15-32
E12*1B	图 15-9
E125*1B	图 15-88
E126*1B	图 15-88
E15*1B	图 15-88
E17*1B	图 15-88
E189*1B	图 15-9
E190*1B	图 15-9

插头编号	图号
E192*1B	图 15-9
E193*1B	图 15-9
E194*1B	图 15-9
E201*1B	图 15-9
E220*1B	图 15-88
E25*1B	图 15-9
E32*1B	图 15-9
E359*1B	图 15-88
E362*1B	图 15-88
E363*1B	图 15-88
E364*1B	图 15-88
E365*1B	图 15-88
E366*1B	图 15-88
E367*1B	图 15-88
E368*1B	图 15-88
E38*1B	图 15-9
E390*1B	图 15-35
E393*1B	图 15-35
E393*6B	图 15-35
E405*1B	图 15-9
E44*1B	图 15-9
E47*1B	图 15-88
E48*1B	图 15-88
E49*1B	图 15-88
E5*1B	图 15-87
E51*1B	图 15-88
E52*1B	图 15-88
E57*1B	图 15-9

插头编号	图号
E58*1B	图 15-35
E60*1B	图 15-35
E62*1B	图 15-9
E63*1B	图 15-88
E67*1B	图 15-44
E67*2B	图 15-44
E68*1B	图 15-88
E69*1B	图 15-88
E76*1B	图 15-89
E77*1B	图 15-89
E78*1B	图 15-89
E79*1B	图 15-89
E80*1B	图 15-9
E82*1B	图 15-9
E86*1B	图 15-87
H1*1B	图 15-73
K1*1B	图 15-90
K5*2B	图 15-91
M12*1B	图 15-80
M157*1B	图 15-94
M16*1B	图 15-92
M17*1B	图 15-93
M19*1B	图 15-94
M20*1B	图 15-92
M209*1B	图 15-95
M21*1B	图 15-92
M210*1B	图 15-95
M211*1B	图 15-94

插头编号	图号
M212*1B	图 15-94
M213*1B	图 15-94
M214*1B	图 15-94
M217*1B	图 15-97
M218*1B	图 15-97
M218*2B	图 15-97
M22*1B	图 15-92
M221*1B	图 15-94
M222*1B	图 15-94
M223*1B	图 15-94
M224*1B	图 15-94
M227*1B	图 15-94
M228*1B	图 15-94
M229*1B	图 15-95
M23*1B	图 15-92
M230*1B	图 15-95
M233*1B	图 15-44
M234*1B	图 15-44
M235*1B	图 15-44
M236*1B	图 15-44
M237*1B	图 15-44
M238*1B	图 15-44
M239*1B	图 15-44
M240*1B	图 15-44
M241*1B	图 15-44
M242*1B	图 15-44
M243*1B	图 15-44
M244*1B	图 15-44

204

插头编号	图号
M245*1B	图 15-44
M246*1B	图 15-44
M247*1B	图 15-44
M248*1B	图 15-44
M25*1B	图 15-92
M251*1B	图 15-83
M253*1B	图 15-83
M27*1B	图 15-93
M28*1B	图 15-92
M282*1B	图 15-98
M287*1B	图 15-99
M293*1B	图 15-81
M3*1B	图 15-94
M31*1B	图 15-95
M35*1B	图 15-92
M45*1B	图 15-95
M48*1B	图 15-9
M57*1B	图 15-44
M61*1B	图 15-92
M62*1B	图 15-92
M69*1B	图 15-92
M7*1B	图 15-92
M71*1B	图 15-94
M8*1B	图 15-92
M80*1B	图 15-9
M81*1B	图 15-96
M83*1B	图 15-92
M84*1B	图 15-92

插头编号	图号
M9*1B	图 15-92
M91*1B	图 15-92
N2*1B	图 15-100
N22*1B	图 15-105
N4*2B	图 15-101
N4*3B	图 15-102
N7*1B	图 15-103
N7*2B	图 15-104
R2*1B	图 15-41
R3*1B	图 15-41
R4*1B	图 15-41
R5*1B	图 15-41
R6*1B	图 15-41
S11*1B	图 15-36
S136*1B	图 15-104
S137*1B	图 15-9
S15*1B	图 15-106
S153*1B	图 15-109
S154*1B	图 15-109
S156*1B	图 15-44
S17*1B	图 15-73
S178*1B	图 15-9
S179*1B	图 15-9
S180*2B	图 15-105
S191*1B	图 15-9
S21*1B	图 15-9
S23*1B	图 15-9
S24*1B	图 15-9

插头编号	图号
S3*1B	图 15-9
S3*2B	图 15-9
S30*1B	图 15-9
S30*2B	图 15-9
S31*1B	图 15-44
S34*1B	图 15-106
S35*1B	图 15-38
S36*1B	图 15-9
S38*1B	图 15-9
S40*1B	图 15-106
S40*2B	图 15-106
S44*1B	图 15-107
S45*2B	图 15-109
S49*1B	图 15-106
S5*1B	图 15-9
S63*1B	图 15-28
S69*2B	图 15-9
S79*1B	图 15-108
S80*1B	图 15-108
S96*1B	图 15-44
S97*1B	图 15-44
T10*1B	图 15-83
T11*1B	图 15-83
T12*1B	图 15-83
T13*1B	图 15-83
T8*1B	图 15-83
T9*1B	图 15-83
X103*2B	图 15-114

插头编号	图号
X121B	图 15-112
X13*1B	图 15-113
X1398*1B	图 15-128
X1399*1B	图 15-129
X14*1B	图 15-112
X148*1B	图 15-113
X149*1B	图 15-118
X149*2B	图 15-82
X15*1B	图 15-44
X1500*1B	图 15-130
X1511*1B	图 15-131
X16*1B	图 15-44
X1605*1B	图 15-9
X17*1B	图 15-114
X1780*1B	图 15-41
X1780*2B	图 15-41
X20*1B	图 15-115
X200*1B	图 15-119
X230*1B	图 15-120
X230*2B	图 15-121
X246*1B	图 15-122
X258*1B	图 15-82
X264*1B	图 15-123
X265*1B	图 15-44
X266*1B	图 15-123
X267*1B	图 15-44
X28*1B	图 15-116
X382*1B	图 15-124

插头编号	图号
X382*2B	图 15-124
X434*1B	图 15-125
X5*1B	图 15-110
X625*1B	图 15-126
X626*1B	图 15-127
X81B	图 15-111
X9*1B	图 15-111
X95*1B	图 15-117
Y1*1B	图 15-83
Y105*1B	图 15-137
Y165*1B	图 15-138
Y176*1B	图 15-139
Y21*1B	图 15-132
Y25*1B	图 15-133
Y27*1B	图 15-134
Y42*1B	图 15-96
Y44*1B	图 15-135
Y45*1B	图 15-135
Y47*1B	图 15-135
Y73*1B	图 15-136
Y74*1B	图 15-136
Z11*2B	图 15-60
Z11*3B	图 15-51
Z11*5B	图 15-51
Z11*6B	图 15-34
Z2*1B	图 15-140
Z2*2B	图 15-141
Z2*3B	图 15-72

插头编号	图号
Z2*4B	图 15-72
Z2*5B	图 15-72
Z2*6B	图 15-140
Z2*7B	图 15-140
Z2*8B	图 15-72
Z4*7B	图 15-61
Z4*8B	图 15-61

电气系统元件连接器如图 15-1~图 14-141 所示。

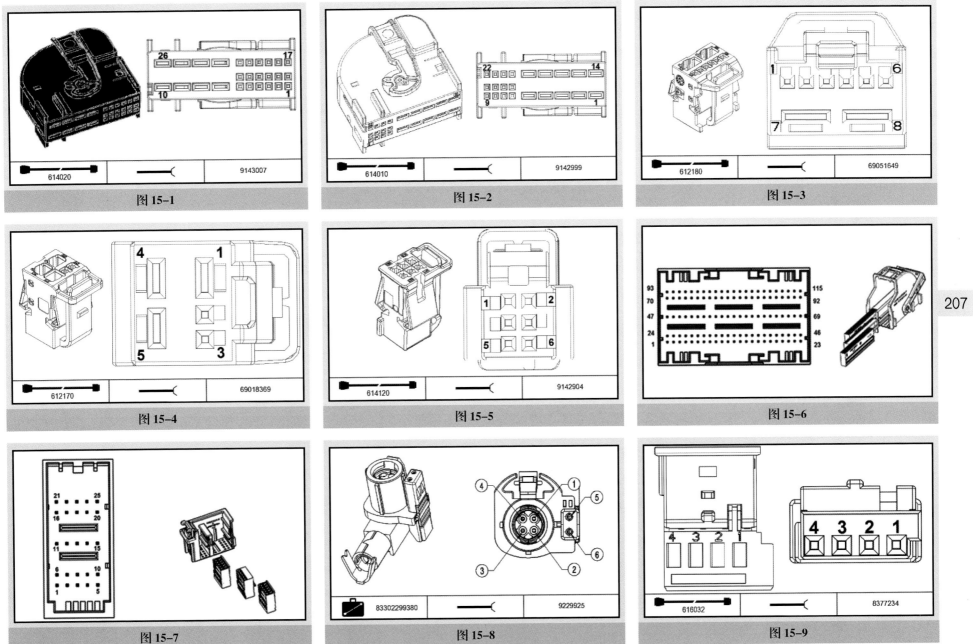

图 15-1

图 15-2

图 15-3

图 15-4

图 15-5

图 15-6

图 15-7

图 15-8

图 15-9

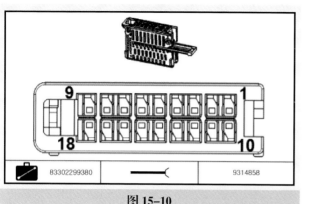
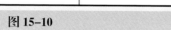

83302299380　9314858

图 15-10

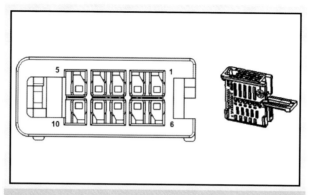

83302299380　9314858

图 15-11

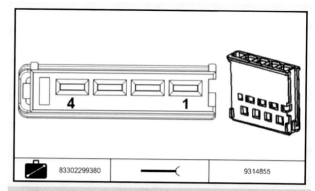

83302299380　9314855

图 15-12

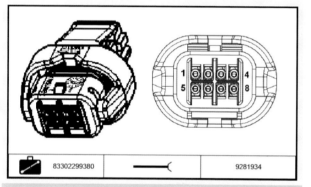

83302299380　9281934

图 15-13

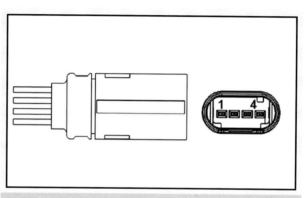

图 15-14

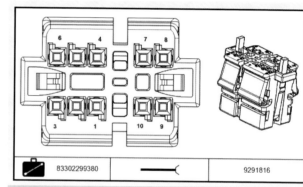

83302299380　9291816

图 15-15

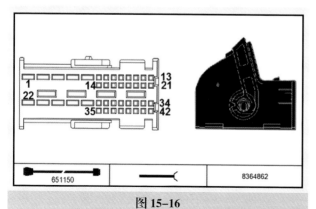

651150　8364862

图 15-16

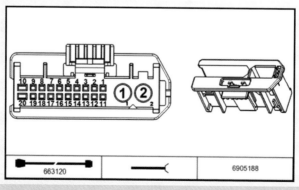

663120　6905188

图 15-17

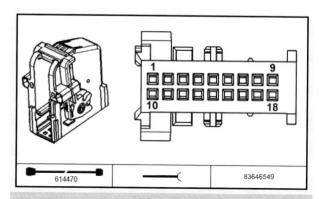

614470　83646549

图 15-18

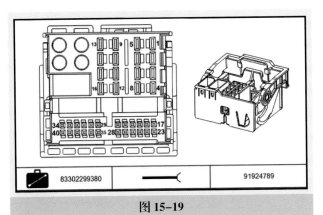

83302299380　　91924789

图 15-19

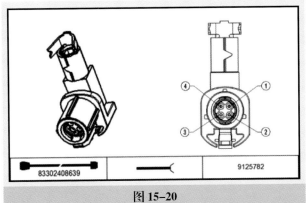

83302408639　　9125782

图 15-20

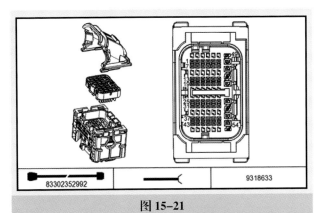

83302352992　　9318633

图 15-21

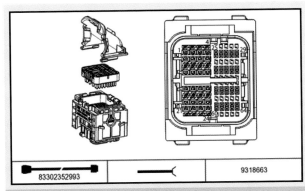

83302352993　　9318663

图 15-22

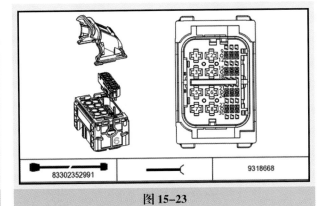

83302352991　　9318668

图 15-23

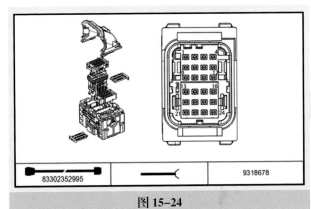

83302352995　　9318678

图 15-24

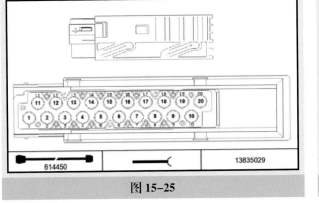

614450　　13835029

图 15-25

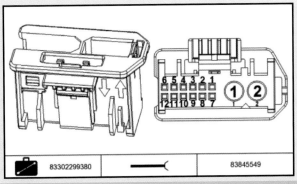

83302299380　　83845549

图 15-26

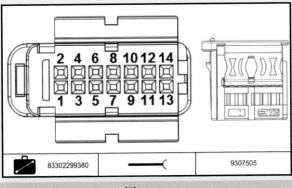

83302299380　　9307505

图 15-27

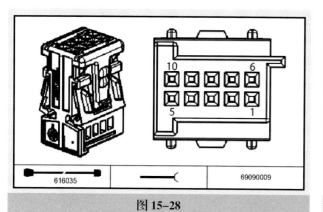

616035   69090009

图 15-28

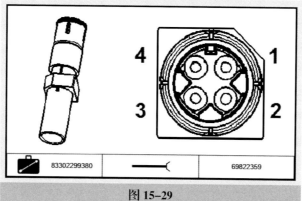

83302299380   69822359

图 15-29

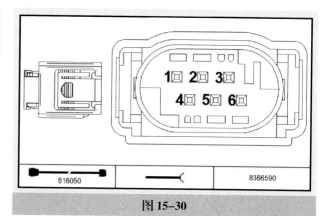

616050   8366590

图 15-30

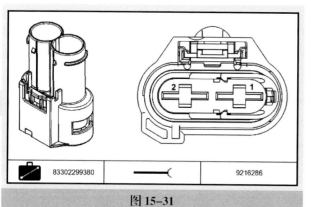

83302299380   9216286

图 15-31

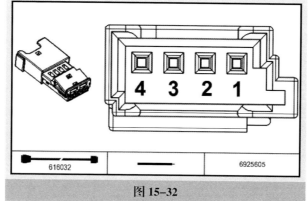

616032   6925605

图 15-32

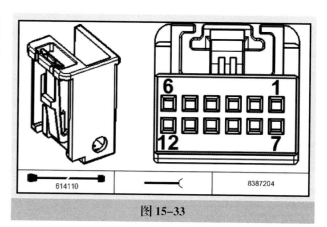

614110   8387204

图 15-33

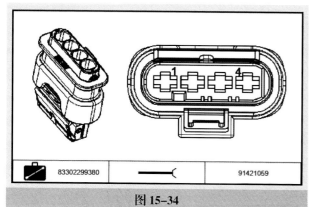

83302299380   91421059

图 15-34

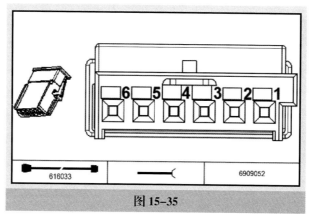

616033   6909052

图 15-35

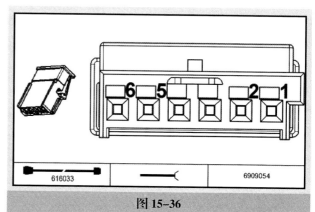

616033   6909054

图 15-36

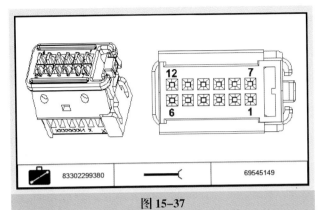

图 15-37

83302299380 69545149

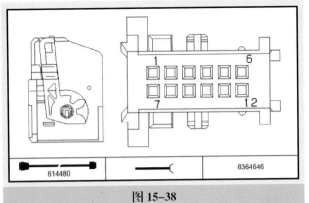

图 15-38

614480 8364646

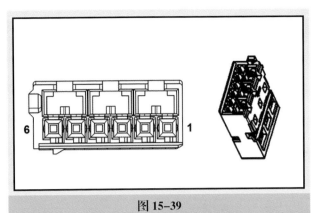

图 15-39

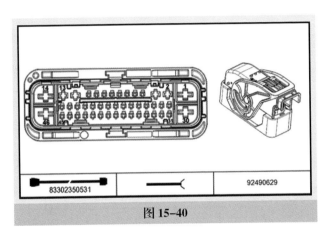

图 15-40

83302350531 92490629

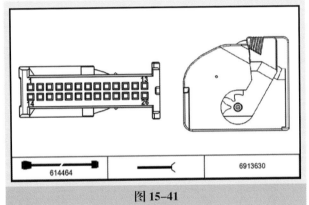

图 15-41

614464 6913630

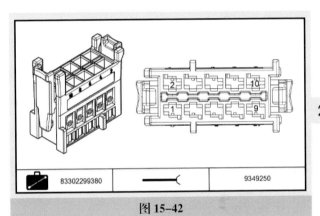

图 15-42

83302299380 9349250

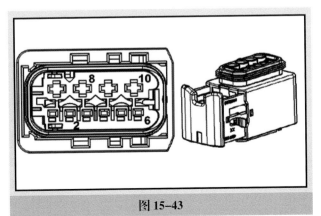

图 15-43

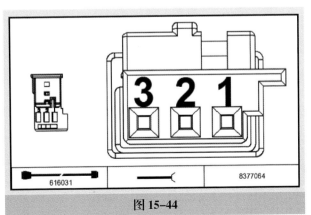

图 15-44

616031 8377064

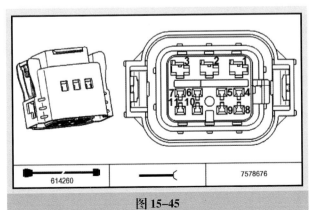

图 15-45

614260 7578676

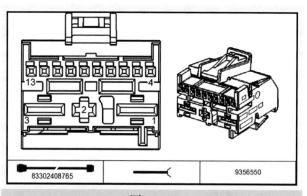

83302408765　9356550

图 15-46

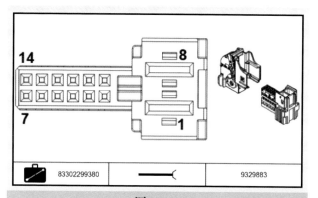

14　8
7　1

83302299380　9329883

图 15-47

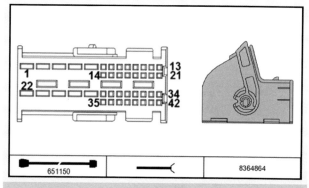

1　13
22　14　21
34
35　42

651150　8364864

图 15-48

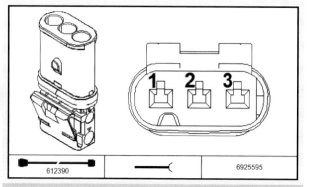

1　2　3

612390　6925595

图 15-49

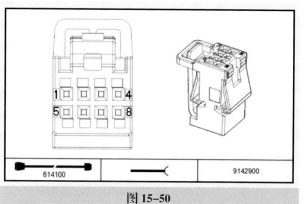

1　4
5　8

614100　9142900

图 15-50

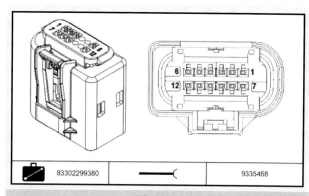

6　1
12　7

83302299380　9335468

图 15-51

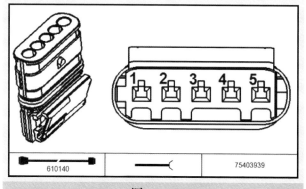

1　2　3　4　5

610140　75403939

图 15-52

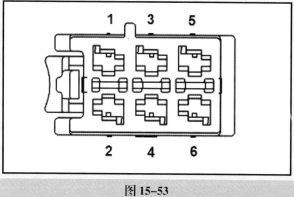

1　3　5
2　4　6

图 15-53

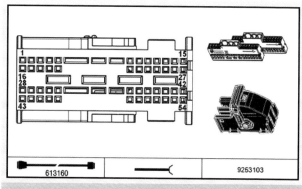

1　15
16　27
28
43　54

613160　9253103

图 15-54

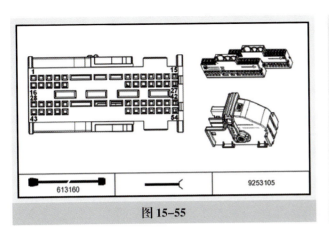

图 15-55

613160   9253105

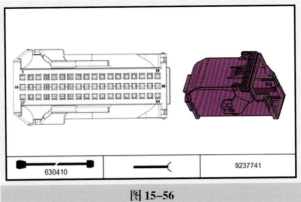

图 15-56

630410   9237741

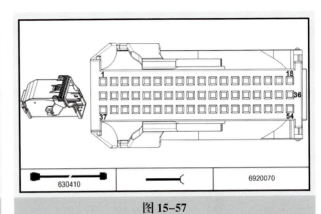

图 15-57

630410   6920070

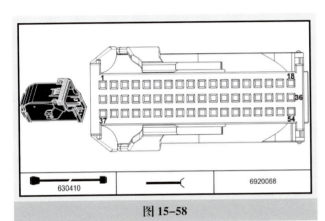

图 15-58

630410   6920068

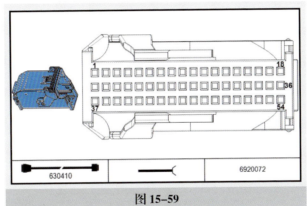

图 15-59

630410   6920072

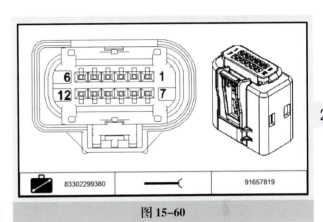

图 15-60

83302299380   91657819

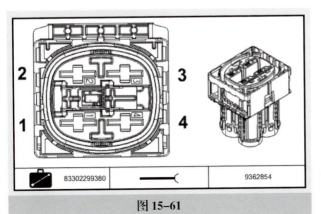

图 15-61

83302299380   9362854

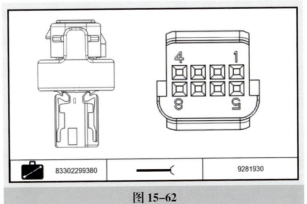

图 15-62

83302299380   9281930

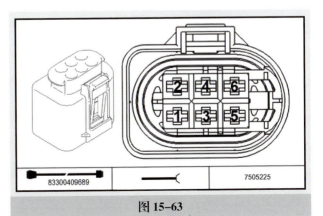

图 15-63

83300409689   7505225

213

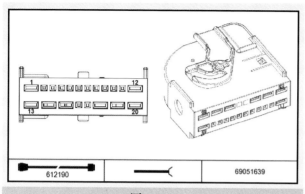

612190　　　69051639

图 15-64

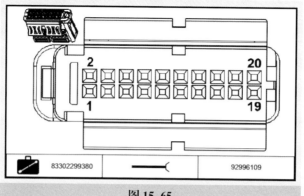

83302299380　　　92996109

图 15-65

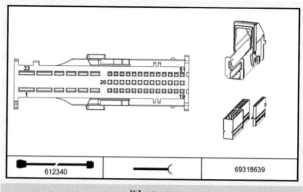

612340　　　69318639

图 15-66

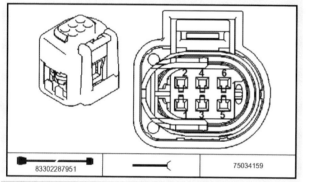

83302287951　　　75034159

图 15-67

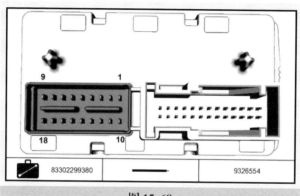

83302299380　　　9326554

图 15-68

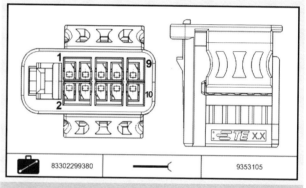

83302299380　　　9353105

图 15-69

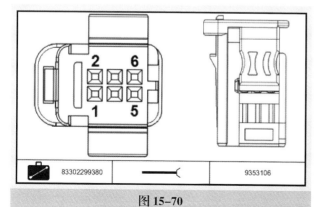

83302299380　　　9353106

图 15-70

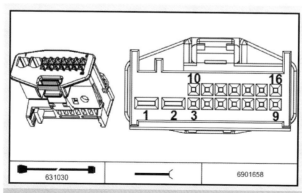

631030　　　6901658

图 15-71

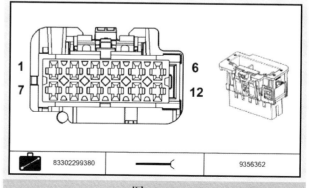

83302299380　　　9356362

图 15-72

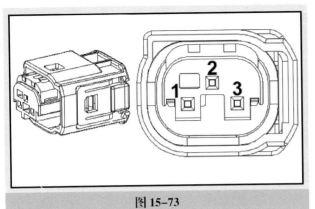

图 15-73

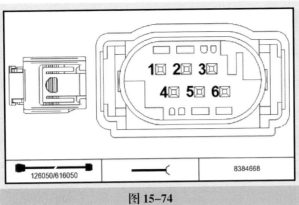

126050/616050   8384668

图 15-74

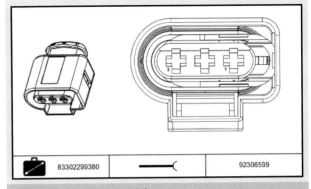

83302299380   92306599

图 15-75

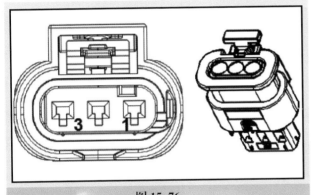

图 15-76

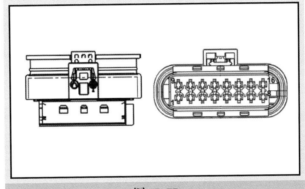

图 15-77

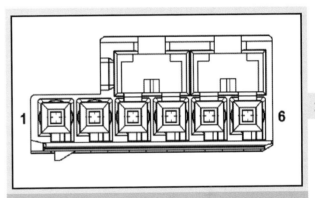

图 15-78

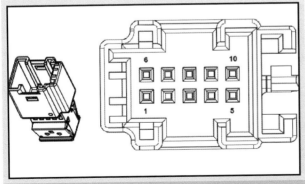

图 15-79

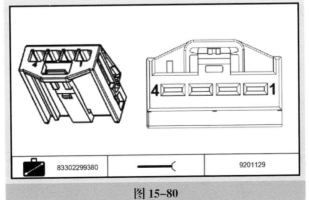

83302299380   9201129

图 15-80

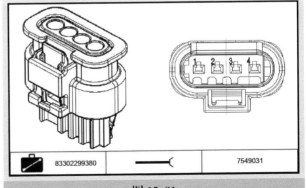

83302299380   7549031

图 15-81

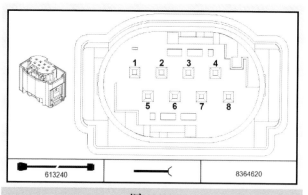

613240 8364620

图 15-82

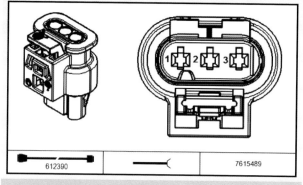

612390 7615489

图 15-83

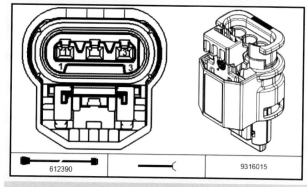

612390 9316015

图 15-84

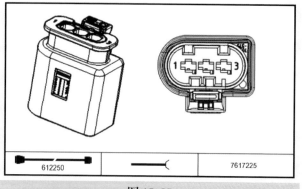

612250 7617225

图 15-85

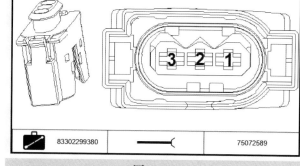

83302299380 75072589

图 15-86

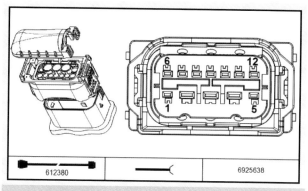

612380 6925638

图 15-87

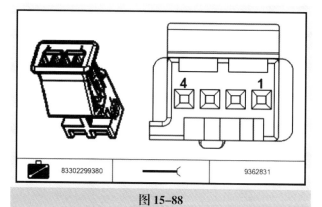

83302299380 9362831

图 15-88

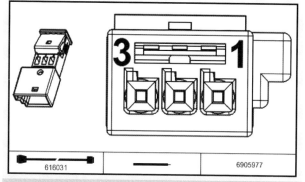

616031 6905977

图 15-89

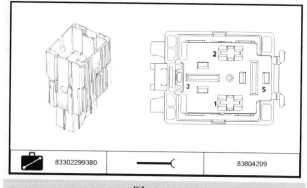

83302299380 83804209

图 15-90

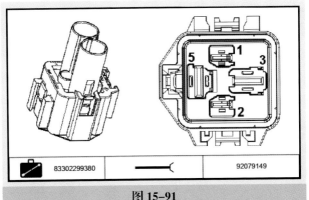

83302299380　92079149

图 15-91

图 15-92

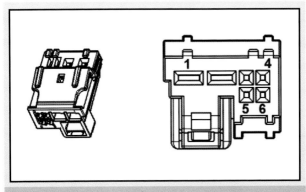

图 15-93

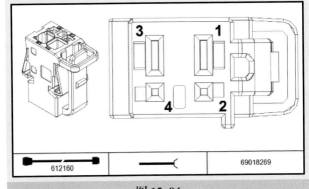

612160　69018269

图 15-94

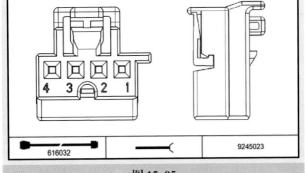

616032　9245023

图 15-95

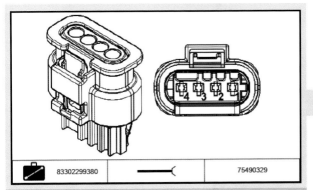

83302299380　75490329

图 15-96

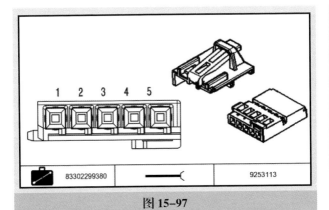

83302299380　9253113

图 15-97

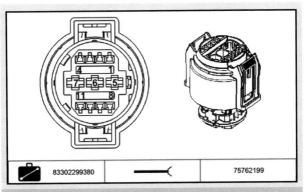

83302299380　75762199

图 15-98

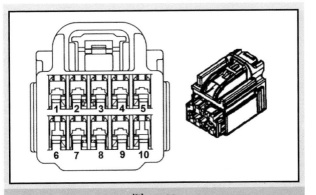

图 15-99

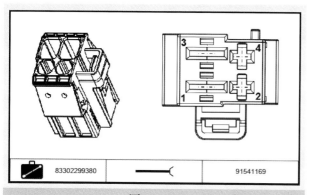

83302299380 | 91541169

图 15-100

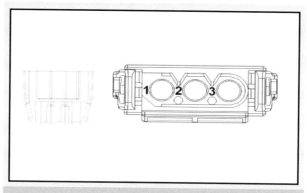

图 15-101

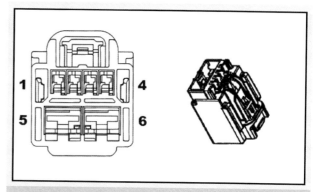

图 15-102

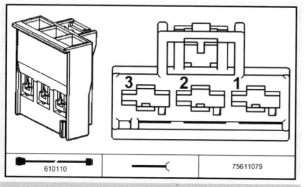

610110 | 75611079

图 15-103

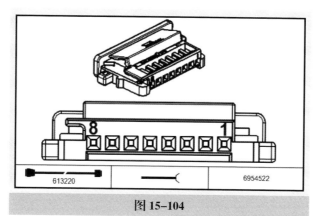

613220 | 6954522

图 15-104

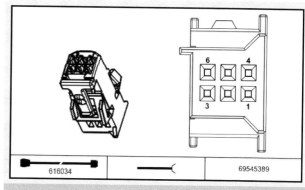

616034 | 69545389

图 15-105

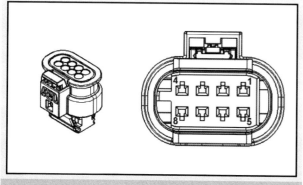

图 15-106

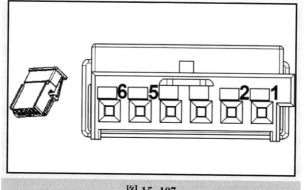

图 15-107

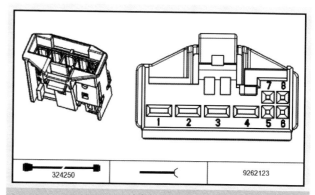

324250 | 9262123

图 15-108

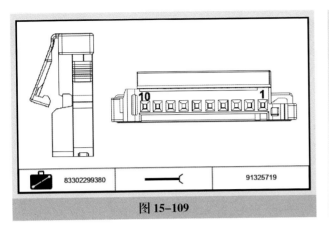

| 83302299380 | | 91325719 |

图 15-109

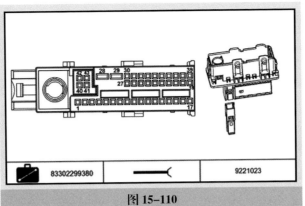

| 83302299380 | | 9221023 |

图 15-110

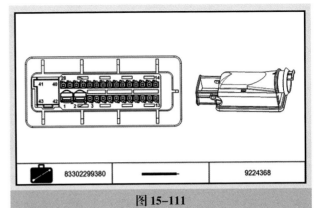

| 83302299380 | | 9224368 |

图 15-111

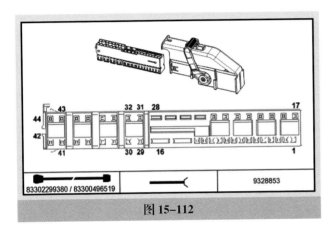

| 83302299380 / 83300496519 | | 9328853 |

图 15-112

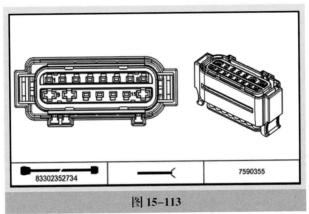

| 83302352734 | | 7590355 |

图 15-113

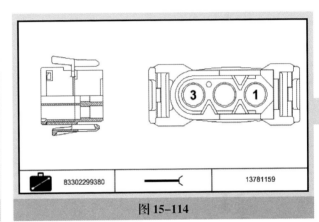

| 83302299380 | | 13781159 |

图 15-114

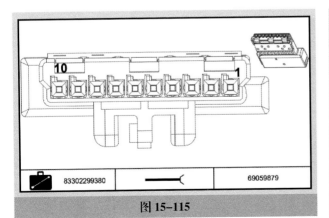

| 83302299380 | | 69059879 |

图 15-115

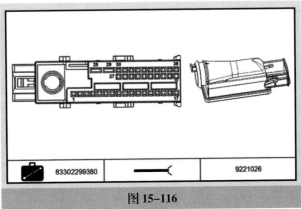

| 83302299380 | | 9221026 |

图 15-116

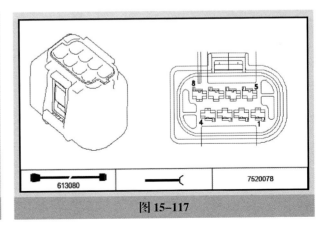

| 613080 | | 7520078 |

图 15-117

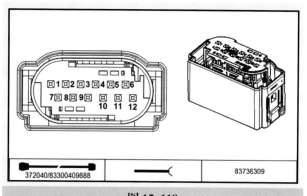
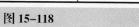

372040/83300409688   83736309

图 15-118

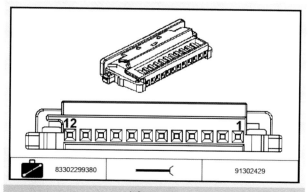

83302299380   91302429

图 15-119

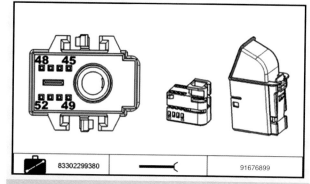

83302299380   91676899

图 15-120

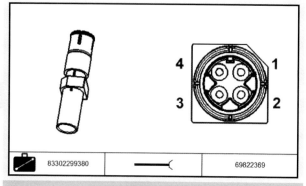

83302299380   69822369

图 15-121

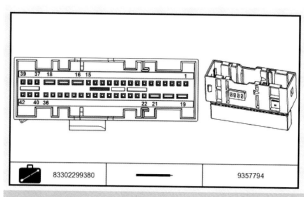

83302299380   9357794

图 15-122

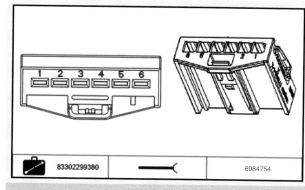

83302299380   6984754

图 15-123

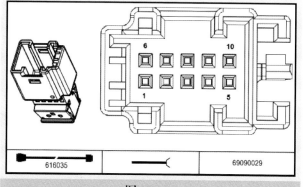

616035   69090029

图 15-124

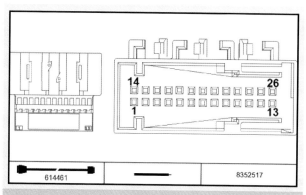

614461   8352517

图 15-125

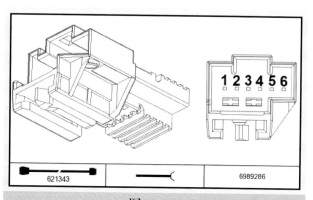

621343   6989286

图 15-126

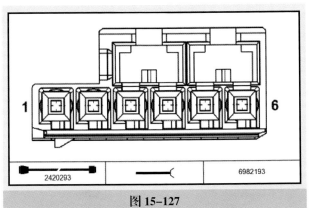

| | 2420293 | | 6982193 |

图 15-127

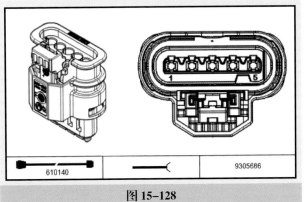

| | 610140 | | 9305686 |

图 15-128

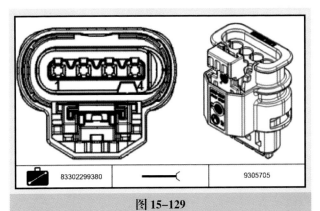

| | 83302299380 | | 9305705 |

图 15-129

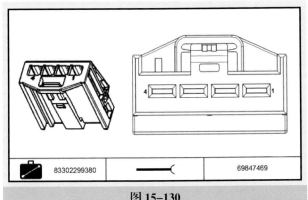

| | 83302299380 | | 69847469 |

图 15-130

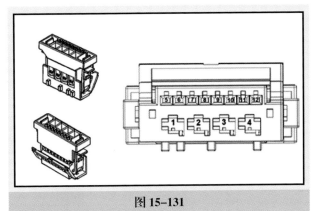

| | | | |

图 15-131

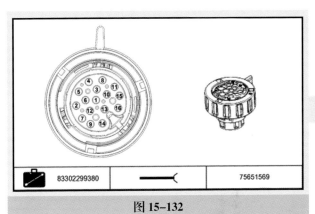

| | 83302299380 | | 75651569 |

图 15-132

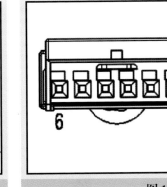

| | 616044 | | 6906052 |

图 15-133

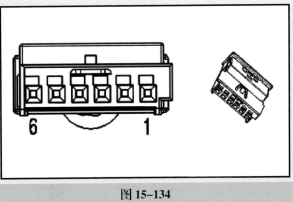

图 15-134

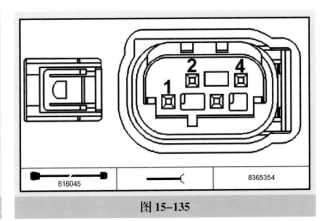

| | 616045 | | 8365354 |

图 15-135

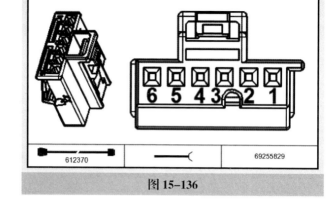

612370		69255829

图 15-136

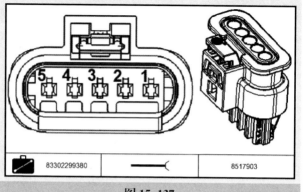

83302299380		8517903

图 15-137

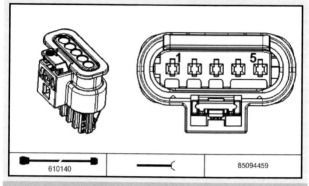

610140		85094459

图 15-138

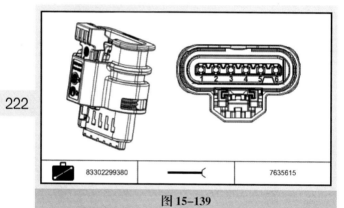

83302299380		7635615

图 15-139

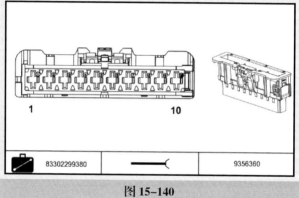

83302299380		9356360

图 15-140

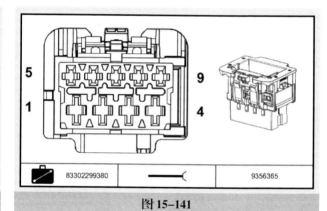

83302299380		9356365

图 15-141